U0369984

我的教师梦

大夏书系
十年经典

钱理群教育讲演录

钱理群　著

华东师范大学出版社

上海
著名商
标市

ECNUP

全国百佳图书出版单位

目 录
CONTENTS

动的；而后者正处在人的生命历程中最为纯真、最接近人的生命本原、最具活力也最具有多种可能性的阶段。中小学教育的一个基本职责就是呵护中小学生的成长之美，维护他们成长的权利，培育青春精神。这个培育的过程会反过来滋润教师的生命而使之永葆青春。这是中小学教师的生存方式所特有的幸福。

大学的教授、学者应该坚守的是民族文化和人类文明中的普适性价值和理想，以及作为生命个体的思想与学术的追求，而绝不是某一个利益集团的意志；更要防止自身成为利益集团。这样才能保持精神的独立和思想、学术、行为的特立独行，也才可能有出于公心的批判、创新，文化和价值的真正重建，才可能使思想、学术的创造成为社会的"公器"。

在人群的和谐与人和自然的和谐气氛下，人的生命就进入一个沉潜的状态，只有在这样的气氛与状态下，人才能尽情地享受读书之乐，切磋学问之乐，同时思考生命、宇宙、人生、人性、中国、世界、人类的大问题，以尽情享受思想之美，进入真正的教育与学术的境界。这是书院教育的魅力所在。

知识面的拓宽，同时意味着人的视野、胸襟、精神境界的扩大，就可以发现各类知识，及其所反映的人的内、外世界的万般景象的内在联系，从而达到一种"通"——是思想的"通"，也是知识（学问）的"通"，这才是求知治学的高境界。

所谓大学就是在这样一个大的生存空间和精神空间里面，活跃着这样一批沉潜的生命、创造的生命、酣畅的生命和自由的生命。以这样的生命状态作底，在将来就可能为自己创造一个大生命，这样的人多了，就有可能为我们的国家，我们的民族，以至为整个世界，开创出一个大的生命境界：这就是"大学之为大"。

我的老师王瑶先生甚至要求我们：每一篇重要的论文、著作都要做到别人再做同样或类似的课题，都绕不开你，非要参考你的文章不可，因为它代表了一个阶段、一个时期的研究的最新水平。这都是在要求研究的创造性。

一定要沉静下来，即所谓板凳甘坐十年冷，着眼于长远的发展，打好做人的根基、学术的根基，而且要潜入下去，潜到自我生命的最深处，历史的最深处，学术的最深处。

我们的教育成了"升学的教育"，也就是说，既脱离了生活，也脱离了青少年的成长，唯一的目标，就是升学。因此，我们的乡村教育，是与乡村生活无关的教育，是完全脱离中国农村实际，因而在某种程度上脱离了中国基本国情的教育，是根本不考虑农村改造与建设需要的教育，也就是说，农村完全退出了我们的乡村教育以及整个教育的视野。

对这些天真无邪的孩子，我们是欠了债的。什么时候，打工子弟可以随便参加城市里的任何文化、教育活动，以至不必为他们单独举行这样的竞赛，我们大概才能心安。

承担，独立，自由，创造

　　　　生活里边有没有"比其他东西都重要的东西"，
有没有"不可夺"之"志"，这是一个关键、要害：
有了，你的心就有了着落，你的精神就有了寄托，
人就有了安身立命之处，于是，就总要有所在意，
有所守护；没有，心无所系，精神无所寄托，你就
没着没落，既无法安身，也无以立命，也就不在意
什么，一切都无所谓，也就自然谈不上要守护什
么了。

后　记

我现在退休了，回顾自己一生的教师生涯，真是想想要哭，很多次让你要哭，想想又要笑，很多事让你笑，这就是生活的真实，教师生活的真实。我们正视它，又永远摆脱不了它，形成生命的一种缠绕，而生命的真实意义就实现在这种缠绕之中。

我的教师梦

2004 年 4 月 14 日，在南京师范大学附属中学
"附中论坛"上的讲演

我作为附中的一位教师上课已经一个月了。课程快要
结束了，最后借此机会向老师们作一个汇报。我今天想讲
的是，"我的教师梦"。

奋斗几十年，为圆一个童年的梦

我这次来附中实际上是为了圆一个梦。2002 年我从北
大退休的时候，有学生问我退休后干什么，我说我退休后
第一件大事是要回贵州一趟，因为当年我在贵州教了 18
年的书；第二件大事是到附中来。去年到今年总算干完了

这两件大事情。回归附中，就是重新做一次教师梦。前几天我和中学同学聚会，一位女同学谈起一件往事：1956年我们毕业时，全校举行过一次以"我的梦想"为题的演讲比赛，我获得了第一名，题目是"我的儿童文学家梦"；第二名就是这位女同学，她的梦想是要当一名乡村女教师，但梦的实现却非常曲折，1956年做梦，一直到了"文革"之后，才勉强圆了这个梦。也就是说，为了做一名中学教师，竟然奋斗了几十年。我听了自是感慨万端，想起自己在20世纪60年代，也有过一个梦：回附中当教师。当时我在贵州一所中等专业学校教书，想调回南京，这自然是无法实现的梦想。而且就是在贵州，我要求做班主任，也被拒绝了，原因是我家庭出身不好，没有资格当。"文革"中，这就成了一条罪状，说早就看穿了你想争夺青年的"狼子野心"。你看，在中国想做一位教师，竟有这么难！后来我想，不让我当教师的人也有他的道理，说明教师工作非常重要，他是影响青少年的，而青少年正决定着国家、民族的未来。这是一种权力，有的人就是不愿意有自己的独立思想的人掌握教师的权力，于是，我为了实现自己的教师梦，就不能不奋斗几十年。

说起来，最早做这样的梦，还是在我小学五年

> 教师工作非常重要，他是影响青少年的，而青少年正决定着国家、民族的未来。这是一种权力，有的人就是不愿意有自己的独立思想的人掌握教师的权力

级的时候，当时我是中央大学附小（现在的南师附小）的学生。学校出墙报，有一个醒目的标题："长大了做什么。"我还记得教我们美术的杨宏毅老师画了好多画：飞行员、教师、科学家、工人、农民，等等。然后每个同学在相应的栏目下填自己的名字，我当时填的就是教师。我第一次做教师也是在南师附小，那时学校受陶行知、陈鹤琴的影响很大，号召学生当"小先生"。解放初期还有好多儿童是流浪儿，我们就把他们聚集起来，办小先生学校，由我当校长。我的印象很深——班主任吴馨先生，有一天突然对我说：钱理群，我们要办一个小先生班，现在学校任命你做小先生学校的校长。我当时都吓坏了，连忙问：老师怎么当啊?! 吴先生看了我一眼说：你自己想吧。说完就走了。后来我才懂得，这是真正的教育艺术：对你表示一种信任，你自会产生自信，自己想办法克服困难，而这正是一个教师最重要的品质。后来我果真鼓起勇气当了这个小先生学校的校长，而且干得很不错。我现在还记得，有个学生是卖冰棒的，毕业时还画了一幅画送给我，上面写着"送给敬爱的钱老师"几个字。也就是说，我还在小学六年级就被称作"钱老师"了，一直到现在还是"钱老师"，并且颇以这样的称呼为豪。

在贵州初为人师，找到了生命的价值

我真正当教师，是大学毕业后分配到贵州安顺地区卫生学校教书。对我来说这是人生的一个巨大转折。你想我

后来"文革"中"对学生太热情"也成了我的一条罪状

从北京一直下到边远的贵州,又是1960年的大饥饿的年代,而且在中等专业学校教语文,学生根本没有心思学。想走走不了,想考研究生,又不让考。怎么办?我当时作了一个选择,用今天的话来说,也可以叫自我设计,这个设计几乎决定了我的一生。我把自己的理想分成两个层面。首先是客观条件已经具备、只要主观努力就可以实现的理想。我一分析,不管环境多恶劣,反正我是教师,我就做一个最受欢迎的语文教师。这是一个现实的目标。同时我定了第二个目标,就是现实条件不具备的,而且不知道什么时候具备,需要等待的,要作准备的一个更大的理想。当时我的更大理想一个是到南师附中教书,第二个目标就是到北大教书,讲"我的鲁迅观"。我先为实现现实的理想而努力。当时年轻,一下就把被褥搬到学生宿舍,和学生同吃同住同劳动。不让我当班主任,我就做一个不是班主任的班主任:新学生一来,我就先看学生的入学照片,把他们全都记熟了,主动上门和每一个学生聊天,了解他们的基本状况,以后又编写学生学习档案,有针对性地对学生进行个别辅导。——后来"文革"中"对学生太热情"也成了我的一条罪状。我还和学生一起爬山、踢足球,完全打成一片。这样我很快就成为这个学校最受欢迎的老师,但却害了学生。"文革"开始时到处挖"三家村",我们学校就挖了以我为首的四五个"三家村":有和我踢球、爬山的,有和我一起编墙报的,等等。但是从另一个角度,也就是在和这些学生的共同生活当中,我感到了生命的意义和价值。我常常想,如果没有这样一些学生，我肯定很难在贵州坚持18年，更难度过"文化大革命"这一关。可以说我是和这些贵州的学生结下了患难之交、生死之交的。所以后来到了北大，我还和他们保持联系。

我常常说我作为一个学者有两个精神基地，一个是北大，一个是贵州，其联系纽带就是青年学生。我去年去贵州讲学，以前卫校的学生在电视上看到我，就立刻到电视台打听我的住处，然后就聚集了好几位同学，还有的从几百里外赶到贵阳来看我，他们说，"我们毕业以后不仅是卫生业务上的骨干，同时我们的文章也写得很好，很受领导重视，这得感谢你当年对我们语文能力的训练"。这倒是真的：这批学生是调干生，他们已经是国家干部，大多从事基层卫生工作，因为文化程度低，才选调进学校念书，入学时只有小学毕业水平，我从初一语文教起，一直教到高三，确实把他们带出来了。但他们到现在还记得我，这一点仍然让我感动。"文革"结束后，我考上了研究生，就离开了这批学生。

这就说到了我的第二个理想的梦：要到北大讲鲁迅，唯一的路就是考研究生。而直到1978年，也就是我39岁时，才被允许考研究生，而且只有一个月的准备时间。但其实我已经准备了18年：从21岁到贵州教书那一天起，我就利用业余时间，研读鲁迅作品，写了上百万字的笔记。正是靠这长期的积累，我终于赶上了最后一班车。有人问我，如果你当年没有考上，现在还是贵州安顺的语文老师，你会怎么样？当然我肯定不会像现在这样在学术研

我有两个精神基地，一个是北大，一个是贵州，其联系纽带就是青年学生

究上得到发挥，但我还是会安心地在那里做一名称职而出色的语文教师，在全身心地投入教育工作中找到自己的生命的价值。

我首先是一个教师，天生的就是当教师的料

对于我来说，教师始终是第一位的。如果真要惩罚我，最有效的，也是最残酷的办法就是将我与年轻人隔离开来

实际上我现在还是教师，只不过是在大学任教而已。更准确地说，我现在有两个身份，一是教师，二是学者；但对于我来说，教师始终是第一位的，我在很多场合，都反复强调，希望人们把钱理群首先看作是一个教师。我这个人有深入骨髓的教师情结，天生的就是当教师的料。我写过一本书，题目就叫"人之患"，就是喜欢做教师，好为人师。我见到年轻人就忍不住要和他们说话，有一种癖好，我走到任何地方，身边都有一大群年轻人。对我来说，最快乐的事就是和年轻人聊天，有天大的烦恼，一和年轻人聊起来，就什么都忘了。如果真要惩罚我，最有效的，也是最残酷的办法就是将我与年轻人隔离开来。

我可以举一个例子来说明我喜欢和年轻人打交道到了什么程度：仅仅在北大教书、到许多学校讲学都满足不了我的教师瘾，我还通过通讯的方式和全国各地的读者"聊天"，其中大部分是青年人。因此，我有很多很多没有见过面的学生和朋友，每年大概都要回一二百封信。这里不妨举几个例子。有一次我收到四川的一封来信，写信的人表达的是对北大的一种向往，我就很热情地寄了一本我编的有关北大的书给他。于是他又给我写信，说：

我想，在你的面前不需要伪装什么，今天在我收到你寄来的书时我哭了。原来幸福时也可以流泪，而且这种感觉很美，很美。没有想到你竟然也记得我们，因为我们之间近似于陌生人。你离我们是那样的遥远。但当我拿起这本书时，却觉得你无比熟悉而亲切。也许你觉得你只是做了一件很普通的事：我们喜欢北大，而你就送我们一本关于北大的书，也许你把我们当成一群追梦的孩子，而你所做的就是让我们离梦更接近一点。但是，你难以想象，这本书在我们心中引起的波澜。在学校很少有老师喜欢我。三年中认识我的老师也不过一二人，而这一二人也只记得某某人这个名字，而不是我这个人。在学校我几乎不招呼老师，因为师德有问题的老师为我所鄙视；而在喜欢的老师面前我往往是手足无措。当他们快要经过我的身旁时，我很紧张，把头埋得很低。因为我觉得自己不是好学生，没有资格叫他们，甚至怕亵渎了"老师好"这三个字。当他们走远时我才会抬起头望他们的背影。我心里想，如果有一天我能碰到你，也许也是上述的表情。所以当时的心情绝不是感动二字能概述的。曾经有这样一个故事，一个人在自杀前仅仅因为想起美术老师对他的赞扬的几句话，而放弃了自杀的念头，决心重新生活。以前总怀疑它的真实性，我现在明白了，有时真的只是对别人说一句话，做一件很普通的事，就能引起这个人的变化。就像你对我，你让我知道应该怎样去面对我的学生（看来这个人现在当教师——作者注）。做你的学生真好，他们时常会被感动。这样他们的心灵会永远充满爱心与感激。

我立刻给他回了一封信：

你的来信让我感动，字里行间充满了爱，不只是你我之间，我们应该用这样的爱对待周围所有的人。这里有一种心灵的沟通。我们这个社会太需要这样的沟通了。从信中看你现在是位老师。你说你知道应该怎样去面对你的学生。这个问题也是我一直在思考的。在我看来，教育的本质就是将学生内心深处的善良、智慧等等这些最美好的人性因子激发出来，加以培育和升华，以此来压抑人的内在的恶因子。——按照我的人性观，人是善恶并存的。问题是我们要"扬"什么，"弃"什么。而善的激发，是需要一种爱心的。这种爱是发自内心的，是自然的，用你信中的话说是毫不经意的，而不是一种着意的表演。而当下社会里，这样的爱的表演实在是太多了。你的来信引发了我的思考。谢谢。

这样的通信，实际上是一种相互激励，相互间爱心的传递。想想看，作为一个教师，如果我们每天都能和年轻人进行这样的心灵的沟通，那是一件多么幸福、多么美好的事情！

有时候教师只需要做一个倾听者

这里，还可以举一个例子。有一位辽宁的女孩，她父亲是一个工人，她的母亲已经下岗。有一天我突然收到她的一封信，说："钱教授我太痛苦了。我在学校里受到不公平的待遇。我学习非常好，但是我的老师因为我没有关系，没把我分到重点班。我受不了了，我想自杀。"当我看到最后这几句话时，简直吓坏了，我想，这孩子真要自杀这怎么办？但是仔细一看，这封信是用了很美丽的信笺写的，这孩子如此爱美，大概还不会自杀。于是赶紧给她写信，安慰她，鼓励她，给她讲道理。以后这孩子几乎每星期给我写一封信，倾诉她内心的一切。就这么联系了很长时间，这里是我写给她的一封回信：

> 你写给我的信都收到了。因为事情忙，前不久还外出开会，没有及时给你写信，请原谅。谢谢你对我的信任，随时把你的所见所闻所思所想，讲给我听。我也愿意这样听你讲话。只是有时不能立刻给你回应。不过请你相信，远方有一位老人，总是在倾听，并且理解你。

这件事引起了我长久的思考：她为什么要这么频繁地来信？我由此联想到现在的青少年，特别是到了中学阶段他的内心有一种倾诉欲望。可惜的是我们的父母，我们的

这封信是用了很美丽的信笺写的，这孩子如此爱美，大概还不会自杀

老师，常常不愿意倾听他们讲话，倾听他们的心声，这个时候就只能到我这样一个住在非常遥远的地方的老人这里倾诉。为什么呢？第一，我愿意听她的；第二，我绝对尊重她，并且替她保密，我不会因为她和我说了什么话，而去损害她。这样她就有一种信任感，安全感。但我想这也不是一个办法，因为有很多很多这样的青少年，我不可能每天都这样给他们写信。我就想到了我们的教育，如果她的家庭、她所在的学校，有父母、有老师愿意这样倾听，她就不必千里迢迢地向我倾诉。这正是教师、家长，每一个教育工作者的职责——倾听我们的孩子的内心倾诉的职责。其实孩子把心里话向你讲，讲完了，把郁积在心、解不开的许多情绪发泄出来了，心里舒坦了，该怎么做，她自己就明白了，并不需要我们成年人去指点什么，教师有的时候就是需要简简单单地扮演这样一个倾听者的角色。这说起来简单，却也不简单：因为它需要一颗尊重学生、理解学生的爱心。

这个辽宁的女孩，后来高中毕业了，没有考取理想的大学，而是考上了一所专科学校。我没想到，有一天她突然出现在我的面前。她千里迢迢地跑到北京来见我一面。她那个失业的母亲也跟了来，但是高低不肯进来。我和这

个孩子谈了一个上午，然后送了一大批书给她。我想这个
孩子要见我，也是圆她的最后一个梦。后来那个孩子再也
没和我通信。这样我反而放心了：大概上了大学后，找到
自己的路，就不需要再向我这个老人倾诉了。我只能默默
地祝福她一生幸福；而她已经给了我莫大的幸福：有这样
一些纯洁的孩子，他们信任你，愿意向你袒露内心，你能
够倾听他们的声音，和他们进行平等的交谈，这本身就实
现了一种价值，一种生命的价值，而且是教师所特有的。
我与这个女孩子通信的价值绝不亚于我的学术写作的价
值。至少说在我心目中它们是同等的。——我的学术写作
追求的也就是这样的心灵的交流。

教育是师生双向激发的生命运动

这就说到了青年学生对于我的学术研究的意义。我的
研究从来不能离开年轻人，我所有的著作都是面对年轻人
说话。提笔写作的时候，我的面前始终闪烁着年轻人渴望
的眼光。同时年轻人也参与我的写作。我的学生都知道我
有一种习惯，就是我很喜欢和学生聊天，我的研究课题不
是我一个人苦思冥想出来的，常常是在客厅里面，和学生
聊天中产生一个想法、一种思路，然后去研究。在思考过
程中，只要有一个学生或年轻人到我家，我就会滔滔不绝
地和他讲我在研究什么；在讲的过程中学生或年轻人会作
出反应，提出意见，也就会深化我的思考。以后，再来一
个人，就再讲，再讨论，思考又深入一步。如此反复多次，

*我与这个女孩子
通信的价值绝不亚于
我的学术写作的价值*

谈得差不多了，研究的思路也自然成形，就可以写出来了。
所以说我的学生、年轻人是参与了我的写作和研究过程的。
在我的著作里，我很少引用名人名家的观点，而是大量引
用学生的一些曾经启发了我的思考的观点，就是这个道理。

在我看来，教育绝不是单向的，绝不是教师单方面地
输送给学生。当然主导是教师，但同时学生的反馈，学生
提出的问题，本身都会引发教师的思考。学术研究如此，
上课也如此。我这次到附中来上课，上了一个多月，尽管
我对鲁迅作品已经非常熟悉，但备课时，都要重新看，因
为心里存有中学生这样的对象，重读的时候，对作品就有
新的发现，产生新的解读。这种解读实际上有对象存在的
潜在因素的影响。另外在和学生交谈、在批改学生作业
时，学生所提出的问题，以及他对问题的思考，都会引发

你对这些问题的新的思考。这是一个双向的运动。所以有人说钱先生你太忙，我们找你谈话是不是耽误你的时间？我总是说：不，因为你和我谈话，绝不是只你得利，我也得利。这也是我为什么特别喜欢和年轻人在一起的原因。

我有一种理念，就是教学的本质是一种自我发现。教学的过程是学生发现自我的过程，同时也是教师发现自我的过程。这是双向激发的生命运动：学生内心深处最美好的东西被教师激发出来，在这一过程中，教师自己心灵中最美好的东西也同时激发出来，这样教与学双方都达到了一种真实的精神的提升。在上课中，教师和学生之间有一种精神的交流，上完课双方的精神都升华了。

每一堂课都是新的开始

每上一堂课，我都有一种期待，因此，上课前也总有一种新鲜感、兴奋感、紧张感。我教了那么多年的书，但每一年在 9 月 1 号上第一节课时都非常紧张。我非常重视上第一节课，包括这次到附中来，为了上好第一节课，我在北京就先准备了两天，并且提前四天到附中来，就是为了要准备好这第一堂课。我为什么这样紧张？就是因为心里没有底。我在北大上课是非常有把握的，北大的学生能理解我，但是附中的学生，已经是我孙子辈了，他们能理解我吗？能和我交流吗？我和他们之间能有会心的微笑吗？有还是没有，关系着我的教育理念：我追求和学生之间的这种心灵的交流。如果学生木呆呆地听我讲课，我一点感觉都没有，就会觉得我的教育失败了。为了避免这样的失败，就必须作充分的准备，把可能发生的一切，都预先想好，作精心的设计。我的第一堂课的教案都是一个字一个字地写好的，包括一些重要的"闲话"。开头要怎么讲，你要给学生一个什么"第一印象"，你通过你的一句话，把一个什么东西传递给学生：这些都要想好。第一堂课、开头几堂课上好了，在师生之间建立起一种信任感，

创造了一种自由交流的气氛，以后的课就好上了，吊起的那颗心也就可以落下了。——我这次到附中上课，大概上到第三次课，当我高声朗读鲁迅《阿长与〈山海经〉》里最后一句话："仁厚黑暗的地母呵，愿在你怀里永安他的魂灵！"我看见学生的眼睛发亮了，就知道他们的心灵和我发生共鸣了，就在这一瞬间，鲁迅与学生，我与学生，也就是作者、教师与学生之间发生了心灵的相遇，不但这堂课成功了，更意味着中学生们终于"认可"了我这个原来是陌生的多少有点让他们敬畏的大学教授了。于是，我长长地松了一口气，这时候我才对王栋生老师说：没问题了。

我教了几十年的书，中学与大学都教过，不知道教了

多少届的学生，差不多每一届都要经历这样一个由陌生、紧张的距离感到心灵沟通的过程。这样我就始终保持着一种教育的新鲜感，每教一届学生，甚至每上一堂课，对我来说，都是一个新的开始，都面临着新的挑战。我自己非常珍惜这样的新鲜感，我称之为"黎明感觉"。我知道这很不容易，因为任何一件工作，包括教师的工作在内，一旦成为职业，就会产生职业性的倦怠感，就有可能变成"机器"，变成"油子"，所谓教书匠就是这样的"教书机器"、"教师油子"。坦白地说，我热爱教师工作，却恐惧于成为这样的"教书匠"，因为这涉及一个人的精神状态，一个人的生命存在形态、存在方式。

我热爱教师工作，却恐惧于成为这样的"教书匠"，因为这涉及一个人的精神状态，一个人的生命存在形态、存在方式

青春是美丽的，教师是美丽的

在"黎明感觉"的背后，是一颗赤子之心，是一种"永远年轻"的精神状态。前几天我碰到当年教我数学的唐世忠老师，她已经八十多岁了，一见到我就说，钱大头（当年全校老师同学都这样称呼我），你怎么还是那样，还像当年南师附中高三丙班的钱理群。大概是这样吧，虽然我的外貌变老了，头发白了，但还是当年那股精神头儿，我也觉得我的心比较年轻。这在很大程度上应该归结于我这一辈子都在教书，都在与青年打交道。你面对的永远是天真的赤子，是最活跃的生命，是渴求知识的年轻人，你从这些赤子身上不断汲取精神养料，汲取生命的元气，你就永远年轻。所谓教学相长，这确实不是一句空话。教学

就是这样一个互相促进的过程，不仅教师影响学生的成长，学生也对教师的精神状态、精神发展产生影响，教师与学生确确实实是共同成长的。"教学相长"是一个非常高、非常美好的教育境界。我们常说青春是美丽的，而教师这个职业是和青春联系在一起的，所以我要说教师也是美丽的。

教师与学生确确实实是共同成长的。"教学相长"是一个非常高、非常美好的教育境界

教师的生活就是"想想你忍不住要哭，想想你忍不住又要笑啊"

当然，我们也不必回避：教师也有很多痛苦，甚至是巨大的痛苦。在我的教师生涯中就有过这样惨烈的记忆。那是"文革"中发生的事。"文革"前，我已经说过，我和学生住在一起，吃在一起，生活在一起，发现学生都非常穷困，于是就主动给他们买衣服，买袜子、鞋，对于我来说，这是很自然的，当教师的就应该这么做。没想到"文革"一开始我被打成"反革命修正主义分子"，这就成了我的一条罪名，有一天我睡觉醒来，看见房间里面挂着我送给学生的衣服，旁边写着"钱理群，还给你的狗皮"几个大字。当时我就觉得我的心被捅了一刀，而且这是我心爱的学生捅的，我真是伤心透了。还有一个班的学生，全是贫下中农的子弟，我对他们的教育可以说是呕心沥血，他们受到不公平的待遇，在"文革"中，尽管我自己的处境已经极其糟糕，还是为他们说话。他们毕业的时候，工宣队告诉他们钱理群是一个反革命分子，全班同学

就要和我划清界线，拍毕业照拒绝我参加。只有一个同学站出来说话："钱老师冒着风险来支持我们，你们这样对待他，太没有良心了。"并且宣布："你们不要钱老师照相，我也拒绝照相。"他的这一态度使我的流血的心灵多少感到一点欣慰，因此我永远记着这个学生。但更多的学生却使我失望，这心灵的创伤老实说至今也没有完全愈合。

因为我清醒地意识到，年轻人永远是幼稚的，在某种条件下，他们还会做这样的伤害老师的蠢事。教师这样的职业，很难避免这样的不公平的对待。我们不能期待所付出的一切都能得到好的回报，有的时候就会遇到这样一种残酷的回报。但是尽管这样，我还要教书，我对学生还是这样的热情，所以有时候我觉得这是宿命。不管怎样，反正我要当老师，我要教书。明知这是一个梦，还要做。因

为这是美丽的梦，没有梦的人生是更加没有意义和价值的。有人说这是痴梦，痴迷于此，痴心不变，既无可奈何，又十分美好。教师就是只能"只管耕耘，不顾收获"。

我常常想起曹禺剧本里的一句话："想想你忍不住要哭，想想你忍不住又要笑啊"，这就是生活，教师的生活。我现在退休了，回顾自己一生的教师生涯，真是想想要哭，很多次让你要哭，想想又要笑，很多事让你笑，这就是生活的真实，教师生活的真实。我们正视它，又永远摆脱不了它，形成生命的一种缠绕，而生命的真实意义就实现在这种缠绕之中。

我们正视它，又永远摆脱不了它，形成生命的一种缠绕，而生命的真实意义就实现在这种缠绕之中

2004 年 5 月 11～13 日整理，2006 年 5 月 13 日补充，2008 年 3 月 12 日再整理，有删节。

教育问题已经成为制约中国长远发展的一个瓶颈问题。我愿意为教育献身，"鞠躬尽瘁，死而后已"。我愿意做民间教育改革的支持者与参与者。我愿意为农村的文化、教育建设贡献人生之余力。

我为什么"屡战屡挫，屡挫屡战"

2007 年 5 月 27 日，在"呼唤教育家精神
座谈会"上的讲演

今天的议题应该包括两个方面：呼唤教育家和呼唤教育家精神。这在当今的中国，是一个理想主义的话题。我说过：教育本身就是一个理想主义的事业，没有理想主义精神，就不要搞教育；但我们又是在现实中的种种矛盾、困惑中从事教育的，我们不能没有现实感。因此，我要说，在当代中国，培育教育家和教育家精神，都是很难，很难的；但我们仍要去努力，在绝望中挣扎。

我想用自己在退休后的经历来说明这个问题。

我曾把自己退休后的五年生涯，概括为一句话："屡战屡挫，屡挫屡战。"

2002 年 6 月 27 日，我在北大上最后一节课。上完课，学生就在网上发了一个帖子，说"钱先生一路走好"，而且很快就跟上了近六百条帖子，就"钱先生该不该走，走后怎样"展开了热烈的讨论。当晚，我应一个学生社团的邀请作了一次演讲，最后寄语于北大学子："目光永远向前——要听得见'前面的声音'的呼唤，不停地往前走；同时又目光向下——要立足于中国的大地，沉入民间，更关注人民真实的生活，自己也做一个真实的普通人。"

讲完后，一群学生陪着我，在未名湖畔走了一圈，还依依不舍。面对这一切，我既感动又震动：没有想到，我的正常退休，会引起一部分学生这样强烈的反应，而且有着如此浓烈的悲怆气氛。最引起我共鸣的是一位学生的一个帖子，他这样说："钱先生，你该说的已经说了，愿意听你说的也已经听了，不愿意听的多说也没有用，你真的该走了。"他说的是实话，真话。我曾经说过，自己是北大校园里的一只"乌鸦"，经常说些不合时宜的话，不但

> "钱先生，你该说的已经说了，愿意听你说的也已经听了，不愿意听的多说也没有用，你真的该走了。"

校领导听了不舒服，就连许多学生，我所说的"立足大地，沉入民间，做普通人"这类话和他自己与家长的期待都相差太远，听了我的话，反而会搅乱思想，妨碍前程，还是不听为好。也就是说，我这样的理想主义的、具有批判性的、在学术上也有些反叛性（即所谓"不大讲规矩"）的知识分子、教授，在北京大学，以至整个日益体制化与功利化的今天中国的大学校园里，已经难以生存了。我也真该走了。而且事实上我离开北大讲台以后，北大的讲坛也基本上对我关闭了。

但我仍然要坚守在教育岗位上。

我到哪里去呢？

我在最后一堂课上，对学生说：我要到中学，特别是我的母校——南京师范大学附中去讲鲁迅。

到中学去——这其实是我内心的渴望：回到自己少年时期的"精神家园"，是一次心灵的"归根"。

我到中学去讲鲁迅，还怀有教育实验的目的：一是进行"大学教授到中学上课"的试验，以恢复"五四"开创的"大学与中学相互交流"、"大学里的人文知识分子参与基础教育建设"的传统；二是做"在中学开设《鲁迅作品选读》的选修课"的试验，以实现我的"让作为民族精神源泉的文化经典在孩子心上扎根"的教育理想，在我看来，这是一项民族精神的基本建设。

于是，我 2004 年、2005 年连续两年在南京师范大学附中和北京大学附中、北师大实验中学分别上了 40 天和一个学期的课。还和南师附中语文教研室的老师合作，编选了《鲁迅作品选读》教材和教学参考书，并被全国中小学教材审定委员会批准，定为普通高中课程标准实验教科书。这大概算是一个成果吧。

但课却上得很艰难，而且遇到了我未曾料到的问题。首先，开课本身就受到很大限制：不敢在高三上，怕影响高考；上课时间也只能在上完正课的四点钟以后，学生因为有各种活动经常不能来不说，实际上是占据了学生的休息时间，我自己就有一种负罪感。最想不到的是学生的反应。我去上课，老师们总是这样对学生说：你们都向往北大，钱先生是北大最受学生欢迎的教授之一，但你们即使考上北大，也听不到钱先生的课，他已经退休了，而他现在走到你们中间来上课了，这是难得的机会，大家一定要珍惜。因此，开始报名、听课的学生都很多，但后来就越来越少了，最后始终坚持下来的，大约在 20 名至 30 名之间，而且都很认真，也确有收获。老师们和鲁迅研究界的朋友都认为这就很不错了。问题是：为什么还有许多学生坚持不下来？后来一位学生对我说了老实话，他说："钱教授，我们不是不喜欢听你的课，而是因为你的课与高考无关，我们宁愿在考上北大以后再来听你的课，而不是现在听你讲课。"这位学生一语道破了当下中国中学教育的真实："应试"已成为学校教育的全部目的和内容。问题的严重性在于，不仅教育者（校长、教师）以此作为评价标准，而且也成了学生、家长的自觉要求，应试教育的巨大的网笼罩着中国中学校园，针插不进，水泼不进，一切不能为应试服务的教育根本无立足之地。越是城市里的重

> "应试"已成为学校教育的全部目的和内容。问题的严重性在于，不仅教育者（校长、教师）以此作为评价标准，而且也成了学生、家长的自觉要求

点中学，越是如此。我的教育理想再一次落空了。

但我仍然要坚守在教育岗位上。

到哪里去呢？

这是我的另一个目标：离开中心，到边缘地带、边远地区去。那里更需要我，那里可能存在某种缝隙。

于是，我到了贵州：我曾在那里度过我的青春岁月，因此，这也是一次"寻根之旅"。

我依然带着一个实验课题。在全球化的时代，我发现越来越多的年轻人，对养育自己的土地，土地上的文化、人民，有一种认知上的陌生感，情感与心理上的疏离感，这就隐含着个人以至民族失根的危机。我因此提出，要在青少年中进行"认识你脚下的土地"的教育。

我决定从编写地方文化教材入手：我和贵州的朋友一起编写了《贵州读本》，并带着它到贵州大专院校作巡回演讲。

在受到欢迎的同时，也遇到了意想不到的问题。我特意到少数民族大学生中去，和他们谈传承民族文化，特别是民族语言的问题。但大学生们却告诉我，他们学了民族语言没

大学生们却告诉我，他们学了民族语言没有用，为了找到一份好的工作，他们最需要的，不是民族语言的传承，而是如何熟练地掌握汉语和外语的问题

有用，为了找到一份好的工作，他们最需要的，不是民族语言的传承，而是如何熟练地掌握汉语和外语的问题。因此，他们向我这位北京来的教授提的问题是：如何学好英语？我因此而遭遇了教育的尴尬：这里存在着一个认识的错位。我经常说，当代中国是一个"前现代社会"、"现代社会"、"后现代社会"并存的奇异的国家。我在北京，站在后现代的立场上，自然强烈地感觉到本土文化（传统文化、地方文化、少数民族文化）失落的危机，因此，强调本土文化的保卫和传承问题；而尚处在前现代社会的贵州少数民族地区的青年，更关注的，却是他们及其家庭的温饱问题，如何尽快脱贫致富，文化（包括语言）的传承至少是他们暂时还无法顾及的问题。面对这样的错位，当然不是要放弃我们的教育理想，而是必须正视现实生活所提出的问题，探讨"发展经济与文化传承"、"继承与创新"、"保护和开发"、"理想与现实"等一系列的问题，在此基础上调整、丰富、发展我们的教育理想。

这些年，已经有越来越多的朋友，在从事"乡土教材"的编写工作，我想都会在不同程度上遇到我所遭遇过的这些问题。我的这些经验教训或许对他们有参考价值，而我自己能够做的工作，却越来越有限了。

但我仍然坚守在教育岗位上。

我把目光又转向新农村建设中的教育问题，特别是西部地区的农村教育问题。

我的这种转移，是出于两个方面的考虑：一是在我看来，教育问题在新农村建设中和西部开发中的重要地位和

或许正因为不被重视，正因为落后，反而存在着某些应试教育所没有完全占领的空间，为进行理想教育实验提供某种可能性

意义，至今还没有得到充分的体认，农村教育人才的培养问题，也还没有进入大学教育改革的视野，农村教育事实上是中国教育的一个最薄弱又是关键性的环节。我既然认识到这一点，就有责任为之大声疾呼。我对自己说，应该做"雪中送炭"的事，而不是"锦上添花"。另一方面，关心农村教育，特别是农村小学教育，也是一种期待和奢望：或许正因为不被重视，正因为落后，反而存在着某些应试教育所没有完全占领的空间，为进行理想教育实验提供某种可能性。这也可以说是"后发展（地区、领域）优势"吧。

也就是说，我对农村教育的关注，同样怀有进行教育实验的企望。但我很清楚，在这个领域，我已经不太可能参与直接的教育实践，而只能作一些思考。用我的话来说，就是充当"吹鼓手"。

在我看来，首先需要确立教育在新农村建设与西部开发中的战略地位：新农村建设的根本是人的问题，教育是

决定新农村建设和西部开发健康、持续发展的根本性、制约性因素。

同时，对农村教育问题应有一个全面的观照与规划。它包括了三个方面的教育问题。

首先，是国民教育体系中的教育，即我们通常所说的"农村学校教育"。我在一篇文章里曾提出四个"重新"，即"重新确立农村教育的定位、价值和目标"，"重新认识农村教育的特点"，"重新认识农村教育在乡村建设中的地位与作用"，"重新规划农村教师队伍的建设"。

其次，是社区教育体系中的大众教育，即"农民教育"，也包括"打工者的教育"。

其三，是乡村建设人才的培养。这也包括两个方面的问题。一是大学教育，特别是地方院校教育应把培养乡村建设人才作为自己的培养目标，二是青年志愿者的民间组织的培训，以及志愿者文化的培育问题。

我正是怀着对这些教育问题的巨大兴趣，来参加今天的会议的。刚才听到了第一线的实践者、探索者的发言，我受到了极大的鼓舞和启发。在我看来，南京浦口行知学校、安徽休宁胜德平民学校、山西柳林县前元庄实验学校的教育实验，都为农村学校教育改革提供了丰富的经验；而海南石屋农村社区大学、厦门五齐人文职业培训学校，在农民教育、打工者教育中更是具有开创的意义；北京百年农工子弟职业学校也为这些年来大家颇为关注的打工子弟的教育打开了新的思路。我同时注意到，在这些实验中，许多志愿者以及我一直期待的乡村建设人才的作用。

可以说，我所关注的三大教育问题，现在都有了成功的实践，这是让我感到十分振奋的。我觉得更为可贵的，也是使我感到震撼的，是这些勇敢的先行者在实践过程中所表现出来的"教育家精神"，我们因此可以说，我们所期待的教育家正在中国基层的民间教育的实践中悄悄地孕育、诞生。我也终于找到了自己的立足点：为这样一些艰难前行的民间教育实验摇旗呐喊，进行或一程度的理论思考，或许这就是我这样一个退休而仍然要坚守教育岗位的老人所能够做的事情。

　　我也因此更坚定了我的三个信念，可以说，正是这三个信念，支撑着我，虽"屡战屡挫"，仍"屡挫屡战"——

　　教育是立人立国之根本，教育问题已经成为制约中国长远发展的一个瓶颈问题。——因此，我愿意为教育献身，"鞠躬尽瘁，死而后已"。

　　教育的改革必须是自上而下、自下而上的结合，国家

> 我们所期待的教育家正在中国基层的民间教育的实践中悄悄地孕育、诞生

主导之外，应有广泛的民间参与，形成相互补充与制约。——因此，我愿意做民间教育改革的支持者与参与者。

"乡村文化、教育重建是我们自己的问题"（这是我最近写的一篇文章的题目），大学教授、学院里的学者有责任参与农村建设事业，包括乡村文化、教育实践。这本来也是五四新文化运动的一个传统：20世纪30年代的北京的大学教授就发动了"博士下乡"运动，成立了"农村建设促进会"。——因此，我愿意追随先驱者，为农村的文化、教育建设贡献人生之余力，并期待和呼吁更多的大学教师，特别是青年教师和有影响的学者更自觉地参与到新农村建设事业中来，这里确实是一个广阔的天地，是可以大有作为的。

2007年6月9~10日整理，补充。

教师的生命是和儿童/少年/青年的生命共生互动的；而后者正处在人的生命历程中最为纯真、最接近人的生命本原、最具活力也最具有多种可能性的阶段。中小学教育的一个基本职责就是呵护中小学生的成长之美，维护他们成长的权利，培育青春精神。这个培育的过程会反过来滋润教师的生命而使之永葆青春。这是中小学教师的生存方式所特有的幸福。

我理想中的中小学教育和中小学教师

2007 年 11 月 11 日在福建福州
"1+1读书俱乐部"，11 月 15 日
在广东东莞全县教师报告会上，
11 月 21 日在上海卢湾区教育学
院的讲演

我今天是来说"梦话"的，讲"我理想中的中小学教
育与中小学教师"。所谓理想，就是"应当怎样"，它和
"实际怎样"当然有距离。但正是这个距离，使这个高于
"实际"的"理想"目标，自有其意义。一方面，它不可
能完全达到，然而"虽不能至"，也要"心向往之"；另一
方面，它又是可以在实践、努力中局部达到或不断接
近的。

真正具有生命活力的教育思想，存在于民间，存在于教学实践中真实而严肃的思考

　　而我说的这些"应当怎样"，其实也不是我自己关在屋子里空想出来的；事实上在这些年的教育改革实践中，已经有许多第一线教师在思考这些问题，他们提出了许多有价值的思想、观念，但似乎没有人注意。这也是教育改革的一个奇怪的现象。我们已经习惯于只听上级、官方的指令，专家、权威的意见，这些指令、意见，有价值的当然应该听，但问题是不管有价值、无价值，我们都得听，而且得照章执行，"理解的要执行，不理解的也要执行"。问题更在于，我们却不注意倾听教育第一线实践的声音：不仅不注意用实践来检验我们提出的各种教育理念、方案，正视并切实解决实践中所遇到、所提出的问题，而且不注意、不重视在教育实践中涌现出的新经验、新思想，所谓身在宝山不知宝，我经常感到惋惜，为之感叹不已。

而我自己却从许多第一线教师那里学到了很多东西，而且形成了这样一个看法：真正具有生命活力的教育思想，存在于民间，存在于教学实践中真实而严肃的思考中。正像我一再申明的那样，我不是教育专家，但我愿意倾听教育实践的声音，从中引发出我自己的思考。因此，我今天所要谈的教育理想所涉及的中小学教育的基本理念问题，都不是来自书本，而是对一些教师的思考成果的一个阐释，其中当然也有从我自己的教育经验中提升出来的理论思考。

　　我想谈四个问题，也就是从四个方面、四个角度，来展开我今天的论述。

第一个问题：中学、小学是干什么的？中学、小学的教育功能是什么，和大学的区别在哪里？中学、小学教师和一般的教师，比如和我这个大学教师的区别何在？

　　这是我们讨论中小学"应当怎样"，中小学教师"应当怎样"，首先应该追问的，但我们好像偏偏很少去想这个似乎不成问题，实际却有很大问题的问题。

　　其实问题也很简单：中小学教育的对象是 7 岁到 19 岁的孩子，他们正处于一个人生命成长的童年、少年和青年阶段。人在这一生命阶段自有其生理和心理以及精神发育的特点，这些特点，就决定了中小学教育，以及中小学教师的一些基本性质、特点、意义和价值。

　　这里，我想介绍深圳育才中学的严凌君老师的一些观点，我曾为他所编的《青春读本》写过一篇长序，作了一些发挥，主要有三个意思。

呵护成长之美，保障成长权利：
中小学的第一职责

"成长"的概念，包括"成长之美"、"成长的感觉"和"成长的权利"等，这些都是非常重要却被我们忽略了的教育命题。

中小学教育的最大任务，就是创造一切条件，使孩子能够尽享"成长之美"

严凌君老师说了一句很有意思的话："一个人的成长是很奢侈的事情"，这是因为"所有的动物中，人是孕育期最长的动物，人学习生存技能的时间最长，从出生到上大学要学习几十年"。小学、中学正是这个"孕育"的初期，小学生、中学生正处在生命成长的初始阶段，是"未成年人"，还不是公民，是受到家庭与社会的保护，而无须为家庭和社会作贡献、尽义务的，他们是未来的公民，唯一任务就是"学习成长"，这里有一种"成长之美"。中小学教育的最大任务，就是创造一切条件，使孩子能够尽享"成长之美"。

而且还有"成长的感觉"。成长的感觉，在外人看来，是一种芝麻开花节节高的喜悦，但在中小学生自己看来，却是蛹虫化蝶的那种痛苦，新鸟破壳的那种挣扎。所以孩子在成长过程中，有成长的欢乐，同时有成长的烦恼，甚至痛苦和挣扎。这是我们中小学教师应该细心体察、充分理解的，只是它常常被忽略了。原因就在于鲁迅、周作人早就指出过的：我们不承认，中小学生是一个独立的生命，是"完全的个人，有他自己的内外两面的生活"，自然有自己的不同于成年人的生命成长中的问题——这正是我们应当尊重并认真对待的。

更重要的是，中小学生有他们"成长的权利"。这更是为我们成年人，甚至中小学教育者所严重忽略的。在我看来，至少有三大权利被忽略，甚至是被剥夺了。

首先是"好奇、探索、发现的权利"。鲁迅曾经说过："孩子是可以敬服的，他常常想着星月以上的境界，想到地面下的情形，想到花卉的用处，想到昆虫的言语；他想飞上天空，他想潜入蚁穴……"（《看图识字》）中小学生面对的永远是一个神秘的世界，他有一种好奇心，要去探索和发现他所不知道的世界。我在回顾自己的一生时，总要怀着感激的心情，回想起我的中学老师——20世纪50年代的南京师范大学附属中学的老师，如何精心培育我们这样的好奇心和探索热情。在我的感觉中，那时候，"每一堂课都是一次精神探险，都会发现新大陆，我们总是怀着极强的期待感，以至神秘感，走进课堂，渴望在老师指导下，闯入一个又一个的科学的迷宫，解开一个又一个的宇宙的奥秘"。在高中毕业时的学习经验交流会上，我介绍自己的学习体会，第一条就是要带着好奇心去学习，这样学习才有兴趣，把学习每一门功课当作精神的享受。可以说，正是这样的从中学获得的经验，照亮了我一生的治学之路与人生之路。

后来，我在很多场合都引用了我的大学老师林庚先生的一段话来说明这样的少年经验、中学经验的普遍意义：

"诗的本质就是发现，诗人要永远像婴儿一样，睁大好奇的眼睛，去看周围的世界，去发现世界的新的美。"我还谈到所谓"黎明的感觉"：每一天都是新的生活的开始，用初醒的好奇的眼光和心态，去观察，倾听，阅读，思考，从而不断有新发现的冲动和渴望。应该说，这样的生命的新鲜感，这样的"黎明的感觉"，这样的好奇心和探索热情，本来就是属于生命才刚刚开始的中小学生的，是他们的天性所在，也是他们的基本权利。中小学教育的第一天职，就是呵护这样的黎明感觉，这样的生命的新生状态，保护和培育他们的好奇心、探索心。现在的问题，正是孩子的这一"天赋权利"被扼杀、剥夺了！我在好多场合和当代中学生谈到我的中学经验，他们听起来都像是天方夜谭，因为"好奇"和"探索"正是应试的天敌，他们所受的教育的全部目的就是把他们天生的好奇心、探索热情抹杀掉，因此，这些从睁开眼起就要忙着背书、做习题的孩子，已经没有时间欣赏自然的"黎明"之美，又从何去体验精神上的"黎明感觉"！我真想高呼一声：请把"黎明感觉"，把好奇、探索的权利还给我们的孩子！

其次，还有"自由成长"的权利。我们讲"成长的感觉"，最重要的就是"自由"的感觉。儿童、少年、青年时期是人一生中最自由的时光，这是我们这些过来的成年人都能体会到的。这样的自由感，首先来自自由的时间感与空间感：本来，时间是属于一切刚刚开始的孩子的，他们有充足的时间去做他们想做的事情；而我们的教育也应该给孩子一个开阔的成长空间。

这里，我要特别提出"自然空间"的问题。我曾经说过，"人在自然中，这本身就是一个最基本的、最重要的，也是最理想的教育状态。脚踏大地，仰望星空，这样的生存状态，对人的精神成长，可以说是具有决定意义的"。我们不妨就谈谈"大文豪鲁迅是怎么培育出来的"这个饶有兴味的问题。老师们都读过、教过鲁迅的《社戏》，下面这段文字，大概也是大家都熟悉的：当少年鲁迅和小伙伴划着一只白篷的航船，"在左右都是碧绿的豆麦田地的河流中"，飞一般地前进，远处传来社戏的音乐，"那声音大概是横笛，婉转，悠扬，使我的心也沉静，然而又自失起来，觉得要和他弥漫在含着豆麦蕴藻之香的夜气里……"字里行间，渗透而出的，正是一种生命的自由感。我们可以说，如果鲁迅从小没有生活在这农村的大自然的自由空间里，并接受同样充满生命气息的社戏这样的民间文化的熏陶，奠定了他精神的底子，他是不可能成为思想、文化、文学的大师的。鲁迅这样的成长经验，应该给我们今天的教育以启示。我们应该把"生活在自然中"作为一个重要的教育命题提出来，农村教育应该充分发挥这样的优势，城市教育也要创造条件让孩子们到农村去：不是走马观花的猎奇式的旅游，而是实实在在生活一段时间，和农村孩子一起在泥土里打滚，在山野间疯跑，接受乡村野气和野趣的熏陶，吸取新鲜的空气，这样的自由空间，对中小学生的身心健康，是至关重要的。

　　鲁迅还有一篇《从百草园到三味书屋》，在座的许多

人在自然中，这本身就是一个最基本的、最重要的，也是最理想的教育状态

语文老师大概都教过无数遍了。但现在我要请诸位从教育学的角度来重读这篇名文。其实，文题所着意强调、突出的"百草园"和"三味书屋"，代表和象征的是两种空间："百草园"是一个有蟋蟀、油蛉们，覆盆子、木莲们的大自然的空间，"我"自由嬉戏于其间，感到那是"我的乐园"；而"三味书屋"，是一个不准问问题（也就是前文所说的"扼杀好奇心"）、"只要读书"的教育空间，"我"在那里感到索然无趣。于是，就有了"我将不能常到百草园了。Ade，我的蟋蟀们！Ade，我的覆盆子和木莲们！"的

一声长叹。我们今天听到这样的长叹是不能不悚然而思的。因为它所揭示的，是教育空间对自然空间的剥夺、对儿童心灵的创伤：这不仅是鲁迅那个时代，更是今天我们

教育的问题。而且被剥夺的不仅是自然的空间，更是自由的空间。现在的中小学生的天空越来越小了，他们没有仰望空间的权利。尤其是城里的孩子，城市居住拥挤的空间，使得他们头顶的空间本来就非常狭窄，现在又被数不清的书本压着，眼睛里就是书，哪里还有天空？也就是物质的天空、精神的天空，都没有了。被剥夺的，还有孩子的时间。请老师们，也请家长们，都来关心一下：你们的学生，你们的孩子，每天有多少时间让他自由支配？我看是很少很少了。但大家想过没有：剥夺了孩子自由的时间、自由的空间，这又意味着什么？这就是剥夺孩子生命的自由，这就是扼杀生命，简直是犯罪啊！这绝不是危言耸听。我们还要呼吁：请把时间和空间，请把生命的自由，还给中小学生，不要剥夺他们仰望星空的权利，不要剥夺他们自由成长的权利！

其三，还有欢乐的权利。中小学生的童年生活，青少年生活，都应该是欢乐的，这是他们基本的生存权利。这本来是一个不言而喻的问题，现在却要当作一个问题，一个重大而迫切的问题，在这里讨论，这是让我们这些成年人，特别是身为教育者的教师，感到难堪，乃至羞愧的。但我们又不能不讲，讲一些常识。周作人曾提出一个常识性的教育命题，就是"人生季节"和"自然季节"一样，是不能颠倒的：春天只能穿春装，做春天的事，而不能着夏装、秋装、冬装，做夏天、秋天、冬天的工作。小学生、初中生处在人生的童年、少年阶段，都生活在生命的"春天"，高中生在 18 岁以后，进入青年阶段，就开始了

请把时间和空间，请把生命的自由，还给中小学生

生命的"初夏"时节。在生命的"春天",以至"初夏",主要应该做什么呢?前面已经说过,就是"学习成长"。而所谓学习成长,在我看来,主要就是两件事,一是"玩",二是"读书",前一件事,有关身体和精神的健康;后一件事,则有关精神的成长。后一件事,我们下面再谈,这里先讲"玩"。玩,是孩子的天性,是生命的自然要求。因此,童年、青少年时期的"玩",必须尽性、尽情,也就是最大限度地发挥人的天性、本性,最大限度地享受生命的欢乐。中小学教育的本职就是要创造一切条件,达到这两个"最大限度",以促进孩子身心两个方面的正常、健康的成长。

现在的问题,恰恰是中国的孩子,只要一进学校,就不能尽性、尽情地玩了!他们干什么去了?被教师(以及背后的家长、各级教育部门、我们的教育体制)强迫着去为"应试"而"读死书,死读书"了!而且这应试教育的阴影,不仅笼罩中学,而且有扩展到小学,甚至幼儿园的趋势,这实在令人恐怖!这些事,在座的老师们比我还清楚,我就不多说了。我要讨论的,是削减或剥夺了孩子玩的权利,削减或剥夺了孩子童年的欢乐,会带来什么后果。迫使我思考、讨论这个问题的,是一个严峻的事实:这些年中学生、大学生和研究生自杀的恶性事件越来越多,小学生自杀的事情也屡屡发生,这已经成为一个重大的社会问题、教育问题。我在很多场合都谈到一件让我震撼的事情:一位研究生在自杀之前,曾列表写出自己"活下去"还是"不活"的理由,结果

童年、青少年时期的"玩",必须尽性、尽情,也就是最大限度地发挥人的天性、本性,最大限度地享受生命的欢乐

"活下去"的理由不敌"死"的理由，于是他最后选择结束自己的生命。这就十分尖锐地提出了一个这一代青少年"活着的理由"的问题。我们且不讲大的人生目标，通常让人们活下去的理由有两条："因为有人（父母、兄弟姐妹、亲戚、朋友、老师）爱我"，"因为我感到生活的快乐"。但是，如果生活中的"爱"缺失了呢？如果感受不到，或者不能充分地感受到生命的欢乐，甚至从来就没有感受过生命的欢乐呢？那"活着的理由"就不充分了。我不止一次地听到一些老师、朋友谈到，现在有些孩子的厌生、厌世的消极情绪实在令人不解和担忧，我也经常诧异于许多年轻人活着还没有我这个老头子有劲。我想，其中一个原因，就是我有一个欢乐的金色童年，我因此永远感谢我的中小学老师。而我们现在的教育却在自觉、不自觉地剥夺中小学生应有的欢乐；而剥夺孩子的童年、青少年的欢乐，就是在剥夺他们"活着的理由"——这就是问题的实质和严重性所在。

剥夺孩子的童年、青少年的欢乐，就是在剥夺他们"活着的理由"

　　我们现在的问题，是在应试教育下成长起来的几代青少年，没有尽享童年的欢乐，有的甚至"失去了童年"。这又意味着什么呢？我想起了"五四"那一代曾经有过的忧虑。他们发现，世界上有的民族的发展是正常、健康的：先经过一个充分发展的"儿童时代"，再依次进入"少年"、"青年"、"中年"、"老年"的发展阶段；而中华民族却没有充分发展"童年"、"少年"、"青年"阶段，就匆匆进入"中年"以至"老年"，说起来是"早熟"，所谓少年老成，其实是"早衰"，因此，需要补课。后来"五四"强调"儿童"的"蛮性",提倡"童话精神",发起"少年中国"运动,创造"新青年",都是为了促进民族的健全发展。而现在,90年后的中国,如果我们的中小学生又失去了童年,那我们将面临一个"没有童年"的时代和社会,"五四"先驱忧心如焚的民族危机又会重新出现。这个问题非同小可,我们必须面对,必须思考。

我们将面临一个"没有童年"的时代和社会

或许我们应该从"保卫童年"这一角度来看中小学教育的价值与功能:它的第一职责,就是呵护和培育中小学生的"成长之美",维护他们"成长的权利",保证他们"好奇、探索、发现的权利","在自由的时间、空间里成长的权利"和"欢乐的权利"。

培育青春精神:中小学职责之二

现在,我们来看严凌君老师提出的第二个概念和命题:"青春时代的独立价值",这主要是指进入青春时期的高中生的生命意义和价值。它所要强调的是,青春时期不仅是为进入成年作准备,不只是一个过渡阶段,它本身就有独立的价值。严凌君老师说,"青春时期的生活,有最多的梦想,最纯的情感,最强的求知欲",因而有一种特殊的价值。我想,严老师是说出了我们所有过来人的共同感受的。

问题是,有一种似是而非的说法,在社会上,甚至在教育界还颇为流行:仿佛青春时期的一切都是不成熟的,我们教育的目的就是使学生成熟起来。这看起来也没有什么错;问题是我们以为的"不成熟"是什么,如果不加分析地认为，抛掉青春时期的梦想、情感、求知欲就是成熟，那就糟了。我们常说：孩子，你别做梦了，等哪天不做梦就成熟了。梦真的就那么可怕吗？严凌君老师引用了法国作家史怀德的一个说法，他说青少年时期许多人都有过狮子般的雄心，但是在成年之后都像老鼠一样活着。什么原因？据说他们成熟了。所以他给所谓"成熟"下了一个定义，叫"贫乏、屈从和迟钝"：本来年轻的时候，他是丰富的，"成熟"了就贫乏了；本来是反抗的，"成熟"时就屈从了；本来是敏感的，我们把他变迟钝了。如果教育的结果，是把青春价值全部否定掉，消灭掉，把人变成"成熟"的庸人，那就是完全失败，走到反面去——这是"反教育"的教育。

因此，就有必要提出"敬畏青年、敬畏青春"的概念，承认青春本身所具有的价值，而且是永远的价值。我觉得可以把它叫作"青春精神"。我们现在常常讲要创办"一流中学"，在我看来，所谓一流中学，第一个标准，就是学校充盈着"青春精神、青春气息"。

我曾经在一篇文章中，提到我的母校南师附中的老学长巴金的那句名言："青春是美丽的"，并且把附中精神称作"青春精神"，还把它概括为八个方面，即对真、善、美的向往；对未来的想象；对理想的执著追求；对人类、自然、宇宙的大关怀；对未知世界的好奇心；以及由此焕发出的生命激情和活力；不屈不挠的意志力；不停息的探索，永远不满足现状的怀疑、创造精神。这里提到"对人类、自然、宇宙的大关怀"问题，我们平

我们现在常常讲要创办"一流中学"，在我看来，所谓一流中学，第一个标准，就是学校充盈着"青春精神、青春气息"

时很少谈，老师们或许会觉得有些不好理解。我在和一位中学老师的通信中，把它叫作"少年意气"，并作了这样的发挥："喜欢思考大问题，包括人生、哲学的根本问题，是青少年思维的一个特点。想大事，立大志，说大话，有大气度，没有不可解的难题，没有不可探索的奥秘的自信心，初生牛犊不怕虎的勇气，不知天高地厚的狂气。这就是'少年意气'，是弥足珍贵的。"简单地说，"青春精神"就是一种"自由、创造的精神"。处于青春发育期的中学生，他本能地就有这样的精神萌芽，我们的教育就是要细心地培育，助其成长，使它成为终身发展的一个坚实的底子，而不是用各种方法去戕害它，在"成熟"的名义下扼杀它。

因此，我们可以说，"培育自由、创造的青春精神"，这应该是中小学教育的第二个功能与职责。

引入文化之门：中小学职责之三

现在，我们再说第三个意思。这个概念涉及前面我们谈到的中小学生成长中的第二件大事：读书。中小学教育的主要手段，就是引导学生读书。"读书"对中小学生有什么特殊意义？这是需要讨论并在理论上加以说明的。严凌君老师因此提出了"两种生活"的概念。他说人有一种"平面的生活"和一种"立体的生活"。平面生活指的是日常的生活，它是受到具体的时空限制的，是偏于物质的，这是我们每天都要过的"日子"，是不免平面而多少有些单调的；但人还有另一种生活，就是精神的生活，它是超

> "想大事，立大志，说大话，有大气度，没有不可解的难题，没有不可探索的奥秘的自信心，初生牛犊不怕虎的勇气，不知天高地厚的狂气。这就是'少年意气'，是弥足珍贵的。"

越具体时空的，也是相对丰富多面的，因此叫"立体的生活"。

具体到中小学生来说，他们的日常生活受时空限制更大，他们还没有走向社会、人生，生活范围主要就是家庭和学校，尽管我们可以，也应该适当组织学生参与一些社会活动，扩大他们的生活空间，这是我们前面所说的扩大中小学生的自由空间的一个重要方面，但这也是有限的，而且必须是"适当"的，中小学生主要的任务还是学习，这样，他的平面生活总不免是狭窄的。因此，我们讲中小学教育要为学生创造广阔的自由时间、空间，主要是开拓其精神时间、空间纬度，构造丰富多面的"立体生活"，主要途径就是引导学生读书。而读书的最大特点和好处，就是不受时间、空间的限制，可以和千年、百年之遥，万里之外的任何一个写书人进行精神的对话与交流，而且可以"招之即来"，打开书就是朋友，"挥之即去"，放下书就彼此分手，何等的自由、爽快！这就是说，读书是这样一种精神活动：一书在手，就可以打破时空界限，自由穿梭于古今中外，漫游于人类所创造、拥有的一切文化空间，在阅读中重新经历、重新感受书本中的生活。因此，中小学生不是水手，却可以借助《鲁滨孙漂流记》而漂洋过海；不曾经历战争，但可以通过《三国演义》和曹操、关云长一起驰骋古战场，等等，这就极大地扩展了他们的生活世界和精神世界。尽管书本提供的生活、精神资源，还需要经过今后一生的实践，不断注入自身的生活经验与生命体验，才能真正化为自我生命的有机组成，但在人生起点上，通过读书打开一个足够开阔的文化空间，从而达到精神空间的扩展，这对孩子终身发展中生存空间的扩展，是具有重大意义的。特别是，在中小学教育中所注重的是经典阅读，孩子们就更可以与创造人类和民族精神财富的大师、巨人对话、交流，站在巨人的肩膀上，就可以达到前所未有的精神境界，极大提高精神生活的质量。可以说，中小学教育的全部工作和意义，就在于"为孩子打开一个广阔的文化空间"。教师就是这样的开门人、引路人，我曾经这样描述中小学教师的工作，也是我真正心向往之的工作："牵着中小学生的手，把他们引导到这些大师、巨人的身边，互作介绍以后，就悄悄地离开，让他们——这些代表着辉煌过去的老人和将创造未来的孩子在一起心贴心地谈话，我只躲在一旁，静静地欣赏，时时发出会心的微笑……就为这个瞬间，无论付出什么代价，都是无怨无悔的啊！"

不要低估这"打开文化空间，引入文化之门"的教育意义。我们的中小学生正是通过读书，进入民族和人类的文化殿堂，吸取前人所创造的文明成果、精神资源，在文化传递中完成"从自然人变成文化人，由自在的人变成自为的人"的精神蜕变过程。这正是我们前面反复强调的"成长"的本质和意义。

> 中小学教育的全部工作和意义，就在于"为孩子打开一个广阔的文化空间"

中小学的"精神家园价值"

我们这里所讨论的中小学教育的三大功能、职责，即呵护、保障成长权利，培育青春精神，引入文化之门，集中到一点，就是营造精神家园。在我看来，这是中小学教育的基本功能。具体地说，有两个方面。

一是在校读书期间，学校的教育给学生打下三个"底子"。提出"底子"的概念，是要强调中小学教育的基础性质，即在人的生命的起始阶段（也就是前面说的生命的"春天"与"初夏"）为其一生的发展，打下基础。而三个"底子"就是从前面的三大功能引申出来的：要"引入文化之门"，就要打好终身读书学习的底子，这包括培养读书学习的兴趣，授予学习各学科的基础知识，培训语言、思维的基本能力，教给读书学习的方法，养成读书学习的习惯，有了这五大基础，以后一辈子的学习、逐渐"登堂入室"自然就有了保证。而"文化"本身就有丰厚的精神含量，"培育青春精神"更是意味着打好精神的底子。对于正处在生长发育阶段的中小学生而言，他们的精神成长是和身体的发育紧密联系、不可分割的，因此，还要有第三个底子，即健康的身体的底子，这也是前面所强调的"成长之美"与"成长的权利"的题中应有之义。有了这三个底子，学习的底子、精神的底子、身体的底子，就意味着学生有了一个保证他终身身心健全发展的坚实可靠的基地，一个立人之本，我们也可以

在文化传递中完成"从自然人变成文化人，由自在的人变成自为的人"的精神蜕变过程。这正是我们前面反复强调的"成长"的本质和意义

把它叫作"精神的家园"。

而中小学所营造的精神家园又是具有浓厚的理想的，甚至梦幻般的色彩的。我有篇回忆中学生活的文章题目就叫"曾有过自由做梦的年代"，中学的最大特点就是"自由做梦"。我们所说的中小学时期打下的"底子"，必然是金色的底子，所以叫"金色的童年"。这是一种生命的光明的底色。一个人从小打下的生命的底色，是光明的、充满阳光的，还是阴暗无光的，这绝非小事，会决定一个人的一生发展。我在文章里，还引用了俄国著名的文学批评家和教育家伯林斯基的一段话，说青少年时代是人的"精神幼年时期"，"他不过是美好的灵魂，但远不是实际的、具体的人"；因此，在长大成人、走向社会以后，就会看到"生活的梦想和生活本身完全不是同一的东西"，于是，就会发生梦想的破灭，由"幼稚的、不自觉的精神和谐"向"不和谐与斗争的过渡"；但人到了老年，又会在更高的层面上向青少年时代的梦想回归，走向"雄伟的自觉的精神和谐"。周作人说得很好："梦想是永远不死的。在恋爱中的青年与在黄昏下的老人都有他的梦想，虽然他们的颜色不同，人之子有时或者要反叛她，但终究要回到她的怀中来。"——我今天就是在回到中学时代的梦想的"怀抱"以后，在这里向诸位讲老年人的，也是当年的"梦话"。为什么要回到中学时代梦想的怀抱里来？就是因为在中学的精神家园里所培育的，是作为"人"的最基本、最根本、最本质的生命因子、精神品质，而且是以一种极其透明、纯粹的方式存在着的。人在饱经风霜以后，拂去

有了这三个底子，学习的底子、精神的底子、身体的底子，就意味着学生有了一个保证他终身身心健全发展的坚实可靠的基地

了岁月蒙在心上的灰尘，就更珍惜生命中更本真的东西，它们都保留在中小学的精神家园里，于是，就有了"回归"的要求。

这就说到了中小学精神家园的第二方面的意义：它不仅属于在校学生，更属于离校的老学生。也就是说，一个人一生中要两次和中小学的精神家园相遇：生命的"春天"在这里养育、成长；到了"初夏"时节，就从这里出发，走向远方；到了生命的"隆冬"季节，又回归这里，静静栖息，默默感悟生命的真谛。——中小学教育在人的精神成长中的特殊作用与地位，它所特有的意义和价值，都在这里了。

值得注意的是，无论是在校学生，还是回归的老学生，在他们心目中，精神家园的中心，都是中小学的老师。校友聚会的一个说不完的话题，就是对中小学教师的回忆。在座的大都是年轻教师，也许你们还不能体会，一个中小学教师，一个好的中小学教师，会影响人的一生。他在学生的心目中，永远是神圣的。

这就已经讨论到我们下面要展开关于中小学教师的话题。我曾经这样说过："作为精神家园的营造者和象征，我们所追求的，而且也是我们唯一能做的，就是成为我们的学生童年时代、青少年时代美好记忆的一个有机部分。尽管他们以后在现实生活的影响下，会走上不同的道路，即使走向歧途，童年时代、青少年时代的美好、神圣的回忆却是无法抹掉的。或许在某一时刻，由于某一机缘，在他们的心上，会掠过我们的身影，想起我们有意无意地说过的某一句话，那都会给他们的心灵带来片刻的温馨。这正是对我们今天的劳动的一个回报。即使学生把我们忘却了，我们仍会感到满足，因为我们毕竟曾经试图引导学生创造善良、美好的童年、青少年，使他们有过一个做梦的年代。"后来，有些老师要我题词，我也总是写这样一句话：

中小学教师工作的意义与价值，就在于成为学生
童年和青少年记忆中美好而神圣的瞬间。

中小学教师工作的意义与价值，就在于成为学生童年和青少年记忆中美好而神圣的瞬间

第二个问题：中小学教师在学生心中留下的"永恒记忆"是什么？

去年，2006 年，是我中学毕业 50 年，我们 1956 届同学们聚在一起，回忆中学生活时，几乎所有的同学，首先想起的，就是当年教我们数学的陶强老师，并异口同声地提出，要在校园里为陶强老师塑像，将她作为老师的代表，我们共同的精神家园的一个象征。许多同学还提笔写下了对陶强老师的回忆。我在将这些文章编辑成书时，一直在想一个问题：经过半个世纪的时间淘洗，许多的往事都已经忘却，但有些东西，有些瞬间，却一直留在学生心中，成为"永恒的记忆"。那么，留下的，在学生的生命中永远抹不去的，是什么呢？或许我们正可以从这里切入，重新理解教师的意义、教育的真谛。这也是今天我想跟在座的老师们汇报和讨论的。

美的身影

几乎每一个同学在回忆陶强老师时，都谈到她的美丽，在学生的眼里和心中，她永远是美的化身，而且有这样的祝词："愿您的端庄华贵永留人间。"

这个事实很值得回味，深思。

中小学正是人的童年、青春年代，对美的敏感与想象，是中小学生最基本的感官与心灵的、生理与心理的特点，美是青春期生命的内在需要。中小学教师的第一职责，就是充当美的使者与播种者。

这首先是仪表的美。在学生的印象里，陶强老师在任何时候都是整洁、端庄、得体的。这看似无意却是有意：一个真正懂得教育的教师，一定会时刻注意自己在学生面前的形象，一定要把自己最亮丽的那一面呈现在学生面前，而绝不允许自己蓬头垢面、衣冠不整地出现在课堂上。任何丑的暴露，都是反教育的。

但这绝不是花枝招展、追逐时髦：美也是有品位的。学生用"端庄华贵"来概括陶强老师之美，是大有道理的。这是真正的教师之美。"端庄"透露出为人的端正、庄严与大气，"华贵"显现的是华瞻的风采与高贵的气质。教育绝对要求"大"与"正"，教育具有先天的超越性，它是"高贵的事业"。气度狭窄、蝇营狗苟、邪门歪道、短见浅识、花哨浮躁，都是反教育的。

因此，美更是内在的气质之美与心灵之美。学生赞扬陶强老师是"集真、善、美于一身的完美女性"，是对教师特别是女教师的最高赞誉，同时树立了一个"真正的教

中小学教师的第一职责，就是充当美的使者与播种者

师"的标尺。

但"美"在中国教育中却常常缺失。在陶强老师的时代，"美"成了资产阶级的专利品，甚至被宣布为"罪恶"。陶强老师就因为她的不合时宜而付出了惨痛的代价，这其中就包括了自己的学生对美的践踏，但陶强老师却依然以自己的存在，向她的学生证明美的魅力。我们这些学生之所以能够在丑恶极度泛滥的年代，坚持对美的信念与追求，实仰赖于以陶强为代表的南师附中老师当年播下的美的种子。因此，当今天的中国教育，以一种新的形式，来贬抑、歪曲、糟蹋美，甚至到了"美丑不分，以丑为美"的地步时，我们这批老学生来重塑陶强老师美的形象，正是要重新呼唤美的教育，并借此证明美的不朽。

教育绝对要求"大"与"正"，教育具有先天的超越性，它是"高贵的事业"

"亦师亦母（父）"的爱

每一个学生都念念不忘陶强老师对自己的爱。"亦师亦母"是陶强老师在我们心目中的永恒形象。

这形象，颇耐寻味。我们正可以借此机会来讨论一个问题：同样是"爱"，中小学教师之"爱"，区别于大学教师之"爱"的特点是什么？在我看来，特点就在"亦师亦母（父）"上。

这里包含了两个方面的意思。首先是将"父母之爱"注入"中小学教师之爱"的内涵中，这既符合处于童年、青少年阶段的小学生、中学生的心理上的要求，其本身又有重大的意义。

什么是"父母之爱"？鲁迅在五四新文化运动中，写过一篇《我们现在怎样做父亲》，其中有精辟的论述。他指出，这是一种"天性的爱"，是"离绝了交换关系利害关系的爱"。因此他期待"觉醒的人此后将这天性的爱，更加扩张，更加醇化；用无我的爱，自己牺牲于后起的新人"。——"亦师亦母（父）"，就是这样的天性的爱的扩张和醇化：将教师对学生的爱，作为母爱、父爱的延伸。

将教师对学生的爱，作为母爱、父爱的延伸

鲁迅接着又讲了一个观点，和我们今天流行的看法颇有点不同。他强调，"父子之间没有什么恩"。在他看来，父母施恩，儿女报恩的"恩"的观念，其"误点，便在长者本位与利己思想，权利思想很重，义务思想和责任心却很轻。以为父子关系，只须'父兮生我'一件事，幼者的全部，便应为长者所有。尤其堕落的，是因此责望报偿，以为幼者的全部，理应做长者的牺牲"。按鲁迅的分析，"恩"的观念的问题有三。首先这背后隐藏着一种"权力意识"，在父母子女关系中强加进了权力关系，父母养育了儿女，儿女的一切就应为父母所有，儿女必须无条件地依附于父母，父母对儿女享有绝对的支配权。其次，其背后还隐含着"回报"观念，又在父母子女关系中强加进利益关系，生儿育女成了一种投资，企图得到报偿，要在长大了的子女那里收回本金和利息。其三，也是最根本的误区，就是"长者本位"的思想，一切以父母为主，子女不但依附父母，而且要无条件地为父母牺牲。

在鲁迅看来，这是根本违背人的天性的。他说："一

个村妇哺乳婴儿的时候，决不想到自己正在施恩；一个农
夫娶妻的时候，也决不以为将要放债。只是有了子女，即
天然相爱，愿他生存；更进一步的，便还要愿他比自己更
好，就是进化。"就是动物，也"总是挚爱他的幼子，不
但绝无利益心情，甚或牺牲了自己"——这就是"生物学
的真理"。也就是说，如果我们把本能的、无条件的、无
私的、"自然天性的爱"变成掺杂着"权力关系、利益关
系、交换关系"的"图恩、报恩之爱"，那其实就是人的
本性的丧失。

鲁迅因此坚定地主张：要以"义务"的观念代替
"权利"的观念，以"牺牲"的观念代替"利益交换"的
观念，以"幼者本位"的观念代替"长者本位"的观念。
这样，就能够开创一条以"天性的爱"为基础的人类健
全发展的进化之路："祖父子孙，本来各各都只是生命桥
梁的一极"，"现在的子，便是将来的父，也便是将来的
祖"，每个人，都从"父子之间没有什么恩"的观念出
发，一代一代地为下一代牺牲，尽义务，促进他们的健
康成长，使"后起的生命，总比以前的更有意义，更近
完全"：这样，人类就能够得到健全的发展，社会就会不
断进步。如果相反，按照"父母有恩于子女"的观念去
做，每一代都对下一代有绝对的支配权，压抑儿女的发
展，要求他们无条件地为自己作牺牲，就只能导致人类
的萎缩和社会的停顿。

这样的建立在"父子之间没有什么恩"的基础上的
爱，就使得父母与子女的关系，从传统社会与现代商业

社会的权力关系、利害关系、交换关系的扭曲中解放出来，恢复人（以至生物）的爱的天性。这样的爱，是建立在天然的血缘关系上的，是无须说出理由的，因而也是绝对的、无条件的，是一种人之为人（生物之为生物）的本能和天职，同时，也是做人的底线。就是说，在任何时候，任何情况下，都要无条件地爱你的父母和你的子女，都要尽伺奉父母、养育子女的义务。在任何时候，任何情况下，都不能以任何理由（不管它看起来多么"充足"、"正当"，多么"神圣"）伤害自己的父母或子女。否则，就不是人。——按照鲁迅的分析，恐怕连禽兽都不如。

这样的父母子女的天性的爱，必然是"幼者本位"的，强调的是，"觉醒的父母"对子女的"义务的、利他的、牺牲的"爱，即所谓"用无我的爱，自己牺牲于后起新人"。其具体要求有三。"开宗第一，便是理解"，既不能像传统中国人那样，把儿童看作"缩小的成人"；也不能如西方人那样，以为儿童只是"成人的准备"，而要承认，儿童的世界"与成人截然不同"，儿童是一个完全的个人，有他自己的内外两面的生活，有他独立的意义和价值。"第二，便是指导"，长者只是"指导者协商者"，"却不该是命令者"。"第三，便是解放"，要"交给他们自立的能力"，"全部为他们自己所有，成一个独立的人"。

在弄清楚父母之爱的实质和特点之后，我们就可以来讨论"亦师亦母（父）"，即把教师对学生的爱，作为父母对子女的爱的延伸、扩张、醇化的意义。在我看来，也有两个方面。

首先这同样是将师生关系从权力关系、利害关系、交换关系的扭曲中解放出来，同样强调教师对学生没有恩，学生不是教师的附属，教师也没有绝对支配学生的权力。教师教育学生，学生接受教育，也绝不是知识的买卖，彼此都是独立的，既不存在权力的依附，也不存在金钱的依附。教师对学生的爱护，学生对教师的敬爱，都是出于人的天性，是近于父母子女之间的没有什么理由可讲的无条件的爱。强调这样的"离绝权力关系、利害关系、交换关系"的师生之爱，是对人的本性的复归。

同时，"亦师亦母（父）"之爱，又是建立在"幼者本位"、"儿童本位"的教育观的基础上的，同样强调教师对学生要尽"理解、指导、解放"三大义务。这样的义务观念、牺牲精神，及其背后的理想主义精神，在我看来，都是教育的基本精神。在这个意义上，我们也可以说，强调"亦师亦母（父）"之爱，也是对教育本性的复归。

在我们当今的教育（包括中小学教育）越来越体制化、功利化、商业化的背景下，这样的"人的本性的复归"、"教育本性的复归"的意义，是不言而喻的，也是怎么估计都不过分的。

所谓"亦师亦母（父）"，还有第二层意思，就是强调教师之爱又不是父母之爱的简单复制。教师的"亦师亦母（父）"的双重身份，在教育上是可以发挥特殊的作用的。一般说来，父母子女之爱，既出于本能，也就偏于非理性；而师生关系就有了更多的理性。青少年到了一定的阶段，或由于某种原因，在某一时刻，会在"告别童年、摆脱父母"的本能的欲求下，不同程度地疏远父母，以至产生逆反心理。在这种情况下，"亦师亦母（父）"的教师，往往能成为学生信任的成年人，在他们的成长中，起到父母难以发挥的作用。学生对教师的永远的怀念，以至依恋之情，就是一个有力的证明。

按照弗罗姆《爱的艺术》的观点，爱有一个从初级阶段向高级、成熟阶段的发展过程：从"儿童自我中心"的"被人无条件地爱"，发展到"关心他人以及同他人统一"的"爱别人"、"创造爱"。教师的职责，不仅是要如父母那样，满足学生被"无条件地爱"的感性的本能的需要，而且要用理性的力量，引导学生"爱别人"、"创造爱"，从而获得成熟的爱。这是引导学生的生命从幼稚阶段走向成熟阶段的一个重要方面。我理解，这也是"亦师亦母（父）"的教师之爱的另一个重要侧面。在这个方面，它是超越父母本性的爱的。

> 用理性的力量，引导学生"爱别人"、"创造爱"，从而获得成熟的爱

在溺爱成为当今家庭教育中一个值得忧虑的现象，导致部分青少年的自我中心主义泛滥的情况下，这样的学校教育中理性的成熟的爱，也许是更为重要的。

在阅读追忆陶强老师的文章时，有一个现象引起了我的深思：无论是当年学习、生活遇到困难的同学，当年的数学"尖子"，还是数学成绩一般的同学，都毫无例外地谈到陶老师对他们的爱。

当学生由于种种原因——或学习遇到困难，或家庭

生活拮据，或政治上受到歧视——处于弱势，总能够及时地得到陶强老师的特殊关爱和帮助。这使我想起了鲁迅所说的乡下母亲，在一大家人中，总是特别照顾比较弱的孩子，其实"她是也爱中用的儿子的，只因为既然强壮而有能力，她便放了心，去注意'被侮辱和被损害的'孩子去了"，鲁迅说这也是母爱的本能（《写于深夜里》）。鲁迅其实是借此来歌颂与提倡"为一切被侮辱和被损害者悲哀、抗议、愤怒、斗争"的"深广的慈母之爱"的，某种程度上也是他的自况（《〈凯绥·柯勒惠支版画集〉序目》）。陶强老师当然不是这样的"战士"型的"慈母"，但与其内在精神却有相通之处，即对弱者的特别关爱，教育平等、社会平等的观念，及其背后的博大的悲悯情怀。

陶强老师对"中用的孩子"的特别关爱也是自然的。这又使我想起了鲁迅说的"生物学真理"：生命"必须继续"，因此要"发展"，希望"后起的生命，总比以前的更有意义，更近完全，因此也更有价值；前者的生命，应该牺牲于他"（《我们现在怎样做父亲》）。陶强老师对具有数学天分的学生的精心培育，其眼光并不限于自己的事业的继承，也不限于数学学科的发展，而且是深知数学的基础作用，是自觉地为国家的科学发展培育、输送人才的。这些曾受到他特别关照的同学，以后大都成了中国尖端科学事业的骨干、杰出的科学家，这都证明了陶强老师的远见，可以说她的生命在学生的事业中得到了延伸。

对于数学成绩平平的学生，陶强老师也许没有对前面两类学生那样给予特别关照，但也没有忘记通过一个眼神、一回交谈、一次作业批改、一个高分，施予同样的爱。这些学习并不困难，也不见出色的学生，本是最容易被忽视的；但真懂教育的老师却知道，某个学生一时看去平平，并不等于他终身平平，只不过他现在还没有找到自己的可能性，或实现可能性的时机未到，这就需要耐心地等待。在这个时候，哪怕是给予瞬间关照与鼓励，都可能对他以后的发展产生深远的影响，一位同学就是因为得到了这样的关照而说"陶老师鼓舞我一路前行"，这是非常感人的。

更重要的是，这样的惠及全体学生，让每一个人都得到光亮和自由发展的爱的背后，是一个现代民主、平等、自由的理念。因此，在陶强老师身上得到集中体现的中小学教师的"亦师亦母"的爱，不仅是一种天性的爱，也是一种现代之爱。

这就是我们这些附中的老学生，在 50 年后的回顾里，终于领悟到的中小学教师的价值，中小学教育的真谛：中小学教育的一个重要功能和职责，就是在孩子幼小的心灵上播下一粒"美"的种子，一粒"爱"的种子，这两粒种子发芽生长，就会长成"人"的参天大树。而中小学教师就是美的化身，爱的使者。

（我在讲完这些话后休息时，福建的李华老师、袁小平老师对我的"亦师亦母（父）"观提出一点补充，后来在网上的文章中又重申了这样的意见："在此基础上还应该加上'亦友'。现在的学生好像和你们做学生的那个时代的学生有很大的不同——他们现在好像对老师的崇拜和热爱没有以前那么强烈"，"网络时代信息的畅通打破了教师对知识的垄断，现在学生对教师'崇拜'的心理减弱，我个人认为我需要向学生学习的地方也不少，从现代民主平等的角度，我自己更希望与学生'亦友'的良师益友的定位。"这里，可能有一点理解上的差异：我所讨论的，是中小学教师对学生的爱的特点，并非专门讨论师生关系，师生关系是更应该强调"亦师亦友"的；而"亦师亦母（父）的爱"里，如我所强调，也是包含了现代民主、平等的观念的。但李老师、袁老师的意见对我也有很大启发：一是中小学生也有值得老师向他们学习的地方，所谓教学相长也应包括老师向学生学习而获益；二是要重视网络的出现对既有的教育提出的挑战，网络给我们的教学工作和师生关系等方面提出的新问题，是我们必须面对并需要在理论与实践上认真加以解决的。我对两位老师，以及所有关注我的演讲，发表了这样、那样的意见的老师，都心怀感激。）

第三个问题：我对中小学教师的理解与期待

这些年，我每次到福建，都有老师请我写几句话，谈谈对语文教师的期待。我先后写了三句话：语文教师应该是"思想者"，是"可爱的人"，是"杂家"。这次来，又加了一句：应该是"语文学家"。后面两点，"杂家"是讲语文教师的知识结构，"语文学家"讲的是语文教师的专业修养，这里就不多说了。前面两点所涉及的精神品格、人格魅力问题，大概不限于语文教师，因此，可以在这里说一说。

> 教师不是教书匠，区别就在于教师是有自己的独立思想、信念，有自己的教育理念和追求的

"思想者"的意义

讲中小学教师应该是"思想者"，是要强调中小学教师和大学教师的共性：他们同是知识分子，必须有自己的自由、独立的思想。我们通常讲，教师不是教书匠，区别就在于教师是有自己的独立思想、信念，有自己的教育理念和追求的，而对于教书匠而言，教书就是为了"混饭吃"，因此，他无须有自己的思想与追求，无非是按给自己饭吃的上级的要求去耍嘴皮子，充当教书机器。当然，所谓思想者不是"思想家"，不能要求所有的中小学教师都有理论兴趣、理论修养和理论创造，但要用自己的脑子去思考，对一切事情都有自己的独立判断，这是中小学教师必须具备的素质和品格。我母校的王栋生老师有一句名言，在中小学教育界流传得很广："不跪着教书。""跪着"还是"站着"，关键就是有没有自己的独立思想，是不是

一个"思想者"。可能有人会认为，提出"思想者"的要求，是一个高要求；这其实是一个起码的基本的要求，而且事实上在我们的中小学教师中就有不少这样的思想者，只不过因为他们有思想，就常常要和现行教育体制发生冲突，甚至不为所容，因此，他们更容易被忽视。可见问题不在于要求高了，而在于我们的教育体制如何保证中小学教师的独立思想的权利——我们在前面强调中小学生的成长权利，其实中小学教师也有一个自由思想权利、独立教育权利的问题，教师的权利得不到保证，是谈不上学生的权利保证的。

> 中小学教师也有一个自由思想权利、独立教育权利的问题，教师的权利得不到保证，是谈不上学生的权利保证的

当然，这样的权利是要争取的。关键之一就是我们自己不要放弃这样的思想的权利。这些年，我在和中小学教师的接触中，就发现有不少教师在极其艰难的环境中依然坚持自己思想的独立性。面对这样的教师，我常有肃然起敬之感。这里，我仅举一个例子。大概是去年吧，我收到了湖北仙桃中学的梁卫星老师寄来的自印的书，我读了以后，为他思想的广度和深度而震撼，立即写了一封长信，和他讨论，可以说是思想者之间的交流吧。坦白地说，就是在我所熟悉的思想界、大学界，也很少有这样的交流。因此，一直到现在，我还对这位农村中学的老师心怀感激。我们所讨论的问题，这里不能一一介绍，我给他的信以后或许会另找机会发表。就谈谈他在文章中对自己，也是对所有的中小学教师提出的七大问题吧——

你对自己生活的世界有独特认识吗？

你有信念吗？你有属于自己的信念吗？你感受过这属于自己的信念的生命气息吗？

你有不同于他人的教育观吗？

你反思、追问了自己的知识观了吗？

你思考过，应该有怎样的课堂语言、言说姿态吗？

你思考过"启蒙"与"教师"的关系吗？我们需要怎样的"启蒙"？

一个教师，可以没有一定的艺术判断力和审美力吗？

我在给他的长信中，有这样一些话：

这是真正的思想者的提问，是一个有独立思想的教师、自觉的教师，在走上讲台时，必须向自己提出的问题。重要的不是你对提出的问题作出了怎样的回答，因为答案是可以而且必然是多样的，意义在于你在思考和追问。而这正是中国的教育、教师所匮缺的。至少说在 1949 年以后，就没有，或者很少有人，

重要的不是你对提出的问题作出了怎样的回答，因为答案是可以而且必然是多样的，意义在于你在思考和追问

特别是普通的中学老师在思考这样的关于教育、关于教师的根本性的大问题了。人们已经习惯于把这类问题交给某个特定的人和组织，教师成了机械的贯彻者、执行者，成了没有独立思想与创造，没有独立意志和人格的按图制作的真正的"教书匠"。不是教师愿意如此，而是体制需要如此。

然而，"你"出现了——这自然不是仅指你个人，而是人数不多、千呼万唤始出来的一批人，即我说的"有思想的教师"。在我看来，这是这些年的教育大讨论、教育思想解放运动最重要的成果。

"思想者"的问题涉及很多重大方面，就说到这里，以后有机会再作讨论吧。

"可爱的人"的魅力

现在说"可爱的人"。这个命题倒是从我自己的教育经历中提出来的。1999 年，我被北大学生选为"十大最受学生欢迎的教师"之一，收到一位学生的来信，此信的结尾有这样一句："想告诉您，很喜欢您的笑，笑得天真，爽朗，没有机心，灿烂极了。我想，一个可以那样笑的人，绝不会不可爱（请原谅我的童言无忌）。喜欢您，为了您的真诚，为了您的赤子之心。"我读了以后，大为感动。在一篇文章里，我这样写道："读了这番肺腑之言，我真有若获知音之感。已经不止一次听见学生说我'可爱'了。坦白地说，在对我的各种评价中，这是我最喜欢、最珍惜的，我甚至希望将来在我的墓碑上就写这几个字：'这是一个可爱的人。'这正是我终身的最大追求。"

而"可爱的人"的内涵，却是大可琢磨的。

它包含了几层意思：一是真诚——但有点傻；二是没有机心——但不懂世故；三是天真——但幼稚；四是有赤子之心——但永远长不大，是个老小孩儿。前者是正面评价，后者则含调侃及批评之意。因此，"可爱的人"也是"可笑的人"。这很容易让我们想起堂吉诃德，一切真正的知识分子都有堂吉诃德气——当然，也还有哈姆雷特气。

"可爱的人"也是"可笑的人"。一切真正的知识分子都有堂吉诃德气

我现在将"可爱的人"用来特指中小学教师，是因为我觉得中小学教师的职业特点，或者说，他在人的生命成长历程中所处的位置，决定了他必然多少具有这样的精神气质。中小学教师是一个人（学生）在生命的起始阶段所遇到的父母之外最重要的成年人。学生和中小学教师一起度过未被污染的童年、青少年时代。然后，学生长大了，离开了父母，也离开了中小学教师，进入大学、社会，逐渐脱离了生命的纯真状态，变得复杂、丰富起来；而中小学教师并没有离开他的岗位，而是继续和新一轮的处在起始阶段的生命打交道。这时候，学生回过头来看老师，必然会觉得老师很可爱，因为老师让自己想起了已经失去了的童年、青少年时代的许多可贵的东西；但又会觉得老师不合时宜而显得可笑。这就是说，中小学教师是永远和起始阶段的纯真的生命生活在一起的成年人，这样的双重关系，就决定了他必然要或多或少保留生命幼年时期的纯真，但又不断被质疑，

包括自我质疑：不管怎样，是成年人而又有幼年的痕迹，总是可笑的。——当然，我的这一分析，也会被质疑，因为在当今校园早已被污染，不但教师，连中小学生，也都不那么纯真了。我对此作出的辩解是：我本来讲的就是"理想"，而且在我看来，人的原始本性的某些东西，总会顽强存在，和社会比起来，校园里的教师和学生身上所保留的纯真还是相对多一些的吧。

最后一个问题：
教师工作的欢乐和痛苦，爱和恨，笑和哭

最近我和北大的大学生、研究生讲过一次生命的"承担"问题，提出了"三承担"：对自我生命的承担，对学术的承担，对国家、民族、社会、人类的承担。我想，对教师来说，也存在着"三承担"的问题。

对得起自己：教师工作的第一意义

不是为了满足自上而下的他人的要求，而是自我生命自由发展的需要，在这个意义上，劳动才真正成为一种享受和愉悦

首先，是自我生命的承担，要追问"教师工作对你的生命有什么意义"。随着国家经济的发展、教育事业的发展，至少在你们所在的地区（福建、东莞、上海），教师的生活条件有了相当的改善，基本达到"衣食无虞"了吧。这就意味着教师工作主要不再是一个谋生的手段；这时候，就要提出教师工作的"意义"的问题，它和你的自我生命的健全发展的关系问题。马克思在谈到人的劳动时，提出了一个很有意思的问题：你所从事的劳动，是

"外在"于你的，还是你"自己"的？是"否定"你自己，还是"肯定"你自己？你感到"不幸"，还是感到"幸福"？你是"被迫"的，还是"志愿"的？你的肉体力量和精神力量是"不能自由发挥"的，还是"自由自在"的？等等。马克思说，前者是"异化的劳动"——是一种强制，一种自我牺牲，自我折磨，劳动时如坐针毡，爽然若失，不劳动时就如释重负；后者才是真正意义上的"自由劳动"——是人自身的一种需要，不是为了满足自上而下的他人的要求，而是自我生命自由发展的需要，在这个意义上，劳动才真正成为一种享受和愉悦。

应该承认，教师的工作，对我们现在相当多的老师来说，还不是"自由的劳动"，多少有些"异化"。这里有体制的问题、管理的问题。在我看来，教育改革的一个任务就是要解决这个教师劳动的异化问题，这才能从根本上解放教师，解放教育生产力。而我们今天要讨论的，或许是一个理想主义的命题：教师工作本身，是有可能成为一种自由的劳动的，它的本性就提供了这样的条件和基础。这就说到了张文质等老师早就在进行的"生命化教育"的试验。生命化教育的一个基本理念，就是强调教师工作不仅是一种职业，更是一种生命的存在方式。而中小学教育的特点，就是我们在前面一再提到的，教师的生命是和儿童/少年/青年的生命共生互动的；而后者正处在人的生命历程中最为纯真、最接近人的生命本原、最具活力也最具有多种可能性的阶段。因此，中小学教师在和学生进行生命互动时，最容易从学生那里吸取生命的元气，获得生命

教师工作不仅是一种职业，更是一种生命的存在方式

的激情、活力，永远保持生命的新鲜感。面对充满好奇心、不断向你提出各种问题的孩子，你必须不断学习，不断思考，不断进步，使自我生命处在不断"新生"的过程中。我们在前面谈到，中小学教育的一个基本职责，就是培育学生的青春精神；其实，教师在培育学生的过程中，也滋润了自己的生命而永葆青春：这是中小学教师的生存方式所特有的幸福。如果你的自我生命能在教师工作中不断得到创造，更新，那你的人生就获得了一种真意义、真价值，这时候，当教师就会成为你生命发展的内在要求、一个生命的欢乐的源泉。事情就会变得十分单纯："为什么选择当教师？因为我快乐，我需要，我找到了意义，做教师对得起我自己。"这就是对自我生命的承担——这应该是教师工作的第一意义。

"孩子需要我"，这就足够使一个教师献出一切

"天生我材必有用"：教育不能没有我

自我承担之外，对教育事业也要有承担。

我常常听到一些老师这样说："尽管有许多不如意，但我还留在教学岗位上，因为我班上的孩子需要我，我离不开他们。"我每每为此而感动不已。因为这表现了一个教师和他的学生的不可分割的血肉联系，这样的联系是没有当过教师的人很难体会和理解的。它其实是非常接近父母子女之间的血缘关系的，是近乎天生、本能、割舍不了，摆脱不掉的，前面说中小学教师之爱是"亦师亦母（父）"之爱，绝不是偶然的。正是这种血肉联系，使教师对学生有一种天然的责任感，"孩子需要我"，这就足够使

一个教师献出一切，而不需要其他任何理由，或者说任何理由都在这个理由面前显得苍白无力。

这同时就是对教育工作的一种使命感。我在前面提到的北大演讲里，就说到从事任何工作都要有使命感，教育更是如此。所谓天生我材必有用，天生下我来就是当教师的，所谓天将降大任于斯人也，我就是要担当教育之"大任"，不仅我班上的学生需要我，我所在的学校需要我，中国的教育也需要我。我们应该有这样的信念，这样的自信，这样的气魄。我自己就经常说，我就是一个当教师的料，我一天也不能离开学生，不能离开教育事业，一直到今天，我退休了，走在街上，只要一看见背着书包、穿着校服的小学生、中学生，我就有一种莫名的兴奋。我，以及在座的所有的老师，我们都把自己的青春，把自己一生的心血、生命投入到教育事业中，甚至可以说，教育已经成为我们生命的有机组成，因此，我们完全可以自豪地说：中国的教育不能没有我！

为民族和人类生命的健全发展尽义务

教师的工作，还有更大的意义。

我们在前面的讨论中，曾引述鲁迅的观点，谈到了民族、人类生命发展的"进化之路"，每一代为下一代牺牲，尽义务，使"后起的生命，总比以前的更有意义，更近完全"，这样，民族和人类就能得到健全的发展。这里需要补充与强调的是，教师在这一生命进化过程中的作用。全人类任何一个民族，全世界任何一个国家，所有的生命个

> 教师工作在本质上就是为民族和人类生命的健全发展尽义务、作贡献，是自有一种崇高性的。而参与了民族、人类生命之流的创造，教师的生命也就具有了某种永恒性

体都是要经过"教育"这个环节达到生命的成长的；也就是说，民族、人类的每一个生命，都是经过教师之手而抚育成人的，教师的工作，不仅关系着每一个生命个体的健全发展，而且关系着整个民族，以至人类生命的健全发展。在这个意义上，教师工作在本质上就是为民族和人类生命的健全发展尽义务、作贡献，是自有一种崇高性的。而参与了民族、人类生命之流的创造，教师的生命也就具有了某种永恒性。

我想，这绝不是夸大其词。

"春天的播种者"需要
"只顾耕耘，不问收获"的精神

教师工作也自有其艰辛，其中的酸甜苦辣是外人所难以体味的。

我们已经说过，由于体制、管理的原因，教师在生活、工作中，还有许多让人痛心、伤心、寒心之处，每一个老师都有说不出、道不尽的苦楚。但我们今天要讨论的，是另一个性质的问题，即中小学教师工作本身所带来的困惑。这也是由我们的教育对象的特点所决定的。

我们的学生都是未成年人，也就是说，都是些"等待成长"的生命。这是一个生命的潜移默化的过程。教育所引起的变化，是极其缓慢、细微的。如张文质先生所强调的，教育是一个"慢的艺术"，同时教育的作用又是有限度的。它不能立竿见影，在短期内很难出成效，成正果。

我要强调的，也许是更为严峻的一面：中小学教师的劳动，如前面一再说及的，它是在人的生命起始阶段进行的；中小学教师永远是，并且只能是"春天的播种者"，而不可能亲自收获"秋天的成果"。我们大学教师，特别是研究生导师，才是秋天的收获者；也就是说，你们播种，我们收获。只有到学生长大了，成才了，回到母校来见你，道一声"谢谢，老师"，你才等到了收获的季节。但是，你已经老了。这就是你的宿命，你必须正视。

因此，中小学教师只能"只顾耕耘，不问收获"。我把它叫作"中小学教师精神"。教师，本质上是一个理想主义的工作。它背后有一个信念：播下一粒种子，总会有收获；即使这粒种子，由于后天的原因，它会夭折——这本身是显现了教育的有限性的，但也正如我们前面所说，这最终夭折的生命，在你的抚育下，也曾经有过美好的瞬间——这就够了。

> 中小学教师永远是，并且只能是"春天的播种者"，而不可能亲自收获"秋天的成果"

不能期待付出的都得到好的回报

我们的教育对象都是些不成熟的生命，它多变，同时也会有意无意地给你以伤害。如果学生的幼稚被人利用，这样的伤害就会更大。

我曾在一次演讲中，讲过我在"文化大革命"中受到学生的伤害，这里就不说了——那是任何时候想起来心都会流血的记忆。

而且，我相信在座的每一个老师，都有过程度不同的因学生而受委屈，或受学生伤害的经历，或许，这委屈、伤害还刚刚、正在发生。

不能期待所付出的一切都能得到好的回报。

这也是我们的宿命。

这都是我们自愿的选择

这也是我在那篇演讲中说到的：我，以及我们每一个教师，特别是中小学教师，在回顾自己一生的教育生涯时，真是想想要笑，很多事让你要笑；想想又要哭，多少次你忍不住要哭啊。

这就是生活的真实，教师生活的真实。这也是我们对教师工作的一种承担。

这就是教师工作的欢乐和痛苦，爱和恨。

这都是我们自愿的选择。

 2008 年 3 月 4～8 日整理、补充。

大学的教授、学者应该坚守的是民族文化和人类文明中的普适性价值和理想，以及作为生命个体的思想与学术的追求，而绝不是某一个利益集团的意志；更要防止自身成为利益集团。这样才能保持精神的独立和思想、学术、行为的特立独行，也才可能有出于公心的批判、创新，文化和价值的真正重建，才可能使思想、学术的创造成为社会的"公器"。

我理想中的大学教育

2007 年 11 月 25 日，在上海书城
的讲演

我刚刚从福州、东莞、苏州、常熟讲学过来，上海是
我的第五站。这一路，都在讲"我理想中的中小学教育"，
前两天还在卢湾区教育学院给上海的中小学教师讲；今天
又要给诸位讲"我理想中的大学教育"，可以说是讲了一
路的"理想"，说了一路的"梦话"，在这个无梦的年代，
过足了一把"说梦"瘾。我也不知道自己怎么会有这样大
的劲头。

这个劲头，可能来自我的一个隐忧，就是今天的中国
教育的"失精神"，这是我讲了无数次的老话：最根本的
问题就是教育的精神价值的失落。如果要解决这个问题，

首先要追问，追问到教育的原点上，追问到前提性的问题上。这就是说，我们办教育是干什么的？大学是干什么的？中学是干什么的？小学是干什么的？如果这些问题不解决，其他枝节问题就没法讲清楚。所以，我一路讲"教育理想"，其实就是从原点上讨论：中小学"应当"是干什么的？大学"应当"是干什么的？它的功能、价值、意义"应当"何在？讲"应当"怎样，就不是"实际"怎样；而"实际"距离"应当"太远，讲"应当"，就自然近于讲"梦话"了。

那么，我们就从头说起——

蔡元培的教育思想及其命运

大家都知道蔡元培是开创了一个传统的北大校长，不知道在座的诸位是否了解蔡先生还是民国第一任教育总长，这是中国推翻封建专制王朝建立现代国家以后的第一任教育主管，他的教育主张与行动，自然引人注目。他所做的第一件事，就是召开全国临时教育会议，以作为"全国教育改革的起点"，今天我们讲教育改革，其实就是从蔡元培先生那时开始的。他当时教育改革的目标是要变"君主政治时代"的教育为"现代民主政治时代"的教育。蔡先生在开幕式上就指出，君主时代的教育的最大特点与弊端就在于，引国民"迁就于君主或政府之主义"，使受教育者"皆富于服从心，保守心，易受政府驾驶"。因此，蔡先生所要进行的教育改革，其基本目的，就是要使受教育者，进而使国民从服从君主、政府……的奴役状态中解放出来，获得作为独立个体的精神自由与解放。在他看来，这是现代民主政治时代的教育和君主政治时代的教育的根本区别之所在。

为实现这样的教育的根本转变，蔡先生采取了两项改革措施，可以说选择了两个突破口。一是废除前清学堂管理通则中有关"拜孔子仪式"的规定，这显然是要打破神圣不可侵犯的孔子偶像，以根本结束"定于一尊"的思想控制，这在当时确实是一个革命性的举措。同时又提出要确立新的"教育宗旨"，从根本的教育理念、教育目的上解决问题，这当然也抓住了要害。蔡先生提出了"五大教育"并举的方针：一，军国民教育；二，

实利主义教育；三，公民道德教育；四，世界观教育；五，美感教育。

这"五大教育"的提出，可以说是蔡先生对中国乃至世界教育所面临的问题的一个回应。蔡先生曾明确提出，要破除中外教育思想中的"二弊"："一曰极端之国民教育"，"二曰极端之实利教育"。前者既是中国封建传统的，

又是"近世（西方）帝国主义"的教育，这种"极端之国民教育"实质上是国家主义的教育，是将教育与受教育者都依附于政治与国家的强权意志，使人成为国家政治机器的工具，是反科学、反民主、反自由、反人道的强权教育。而后者，按蔡先生分析，则是"当今物质文明之当王，拜金主义之盛行"的产物，其特点是："以致用之科学为足尽教育之能事，而摒斥修养心性之功者"，是集中体现了西方工业文明之弊端，使教育和受教育者依附于市场的实用主义的商业化教育，其目的是使人成为商业机器的工具。这两者貌似两个极端，有着不同的社会背景，但在教育的依附性和教育对象的工具化这两个基本点上，却是一致的。这正是蔡先生所要拒绝的。

但蔡先生在反对和警惕"极端之国民教育"和"极端之实利教育"的同时，又清醒地看到，特别是在中国这样的贫穷、落后的国家，"国民教育"与"实利教育"的必要。他提醒人们必须正视这样的中国现实："我国地宝不发，实业界之组织尚幼稚，人民失业者至多，而国甚贫。而实利主义之教育，固也当务之急也。"在他看来，培养实用人才，以适应国家建设的需要，这也是教育的任务，对于中国这样的落后国家而言，或许是具有某种迫切性的。这样，既要适应现实，实行"国民教育"和"实利教育"，又要避免走向极端，而导致教育根本价值和目标的失落，这正是蔡先生，以及中国现代教育所面临而又必须解决的问题。蔡先生的"五大教育"的思想，即是试图解决这一中国现代教育的难题所做的最初尝试。

大家知道蔡先生深受康德哲学的影响，他根据康德哲学关于"现象世界"与"实体世界"的划分，把教育也分为两个层面：现象世界的教育与实体世界的教育。在他的设计里，所谓军国民教育，相当于今天说的"体育"；"实利主义"，相当于今天说的"智育"；"道德主义"，相当于今天说的"德育"——这三大教育都属于"现象世界的教育"，是立足于"现象世界"，即我们通常说的"此岸世界"，是服从于现实的国家的需要，是为实现国家的独立、富裕、民主、平等，追求现世的幸福这样的一个政治目的服务的。这样的"现象世界的教育"，是隶属于政治的，国家本位的，形而下的，经验的，相对的，偏于"术"的。但蔡先生又强调，同时还需要，或者说更加需要有"超轶（现实）政治之教育"，即"实体世界"（我们通常所说的"彼岸世界"）的教育。他因此提倡"世界观教育"和"美感教育"两大教育，其着眼点，是人的个体生命的自由全面的发展，是要培养学生的终极关怀、信仰、人格、情操，促进人的思想的独立，精神的自由，个性的发展，创造力的开发。完全不同于智育、德育、体育等现象世界的教育，它是超越政治的，人的个体精神本位的，形而上的，超验的，偏于"道"的。

　　在蔡先生的教育思想中，这样的"世界观教育"才是教育的终极目标。讲"大学之道"讲的就是这个"道"。这和中国传统的"大学之道，在明明德，在亲（新）民，在止于至善"（《大学》），是有内在的相通的。——顺便说一句，蔡先生倡导的"世界观教育"和我们今天所进行的

"世界观教育"是有着质的不同的，我们的世界观教育是"德育"的一部分，蔡先生的世界观教育关注的是彼岸的、终极性的信仰，是具有某种宗教性的；但他又认为，宗教具有某种独断性、排他性，有可能形成新的专制，因此，他提出"以美育代替宗教"，以超越利害关系的、具有普遍性的美育来陶冶人的性情，培养高尚的情操，焕发人的内在的创造精神。概括地说，在蔡先生的教育思想体系里，此岸现象世界的军国民教育、实利教育、公民道德教育和彼岸实体世界的世界观教育、美感教育，相互矛盾，又相互补充、制约，构成了一个有机整体，现代教育就实现在这二者的张力中，因而两个方面缺一不可。而世界观教育、美感教育又是更带根本性的。

> "教育者，养成人格之事业也。使仅为灌输知识、练习技能之作用，而不贯之以理想，则是机械之教育……"

正是从这样的教育理念出发，蔡先生给"什么是教育"下了这样的定义："教育者，养成人格之事业也。使仅为灌输知识、练习技能之作用，而不贯之以理想，则是机械之教育，非所以施于人类也。"同时，蔡先生又把高等教育分为两类，一类是培养实用型的专门人才，他称之为"专科"；而他所强调的"大学"，是"纯粹研究学问之机关，不可视养成资格之所，亦不可视为贩卖知识之所，学者当有研究学问之兴趣，尤当养成学问家之人格"。所以他提出大学必须"偏重文、理两科"，并且在《大学令》中规定："设法、商等科不设文科者，不得为大学；设医、工、农等科而不设理科者，不得为大学。"他因此强调"文、理交融"，认为"终极价值体系"之"重建"是大学责无旁贷的任务。

蔡先生后来在回忆他的《大学令》里的制度设计时说："但此制迄未实行。"这就说到了蔡先生的教育思想在中国现实中的命运：尽管人们以蔡先生为中国现代教育之父，但他的教育思想却从未完整地实行过，甚至可以说从一开始就被阉割了。前面说到的第一次全国临时教育会议，蔡先生提出的两个提案都遭到了很大的挫折。关于"废除拜孔子的仪式"案，出席会议的议员认为，若将此案明白公布，恐引起社会无谓之风潮，只需在学校管理规程中删去，此议案因此不予成立。蔡先生提出的"五大教育"宗旨，会议最后审查的决议却是："注重道德教育，以国家为中心，而以实利教育与军国民教育辅之。至美育一层，议加入中小学校、师范学校教师，俾加注意。"后议长又加入"世界观"三字付表决，赞成者少数。美感教育简单地变成中小学音乐课、美术课，也就在实际上被消解了。这就意味着，蔡先生教育思想中最核心的"世界观教育"和"美育教育"，被拦腰砍去了！

因此，中国的现代教育从其起点上就是一个半截子的教育。这又意味着什么呢？蔡先生有一个明确的说明："专制时代（兼立宪而含专制性质者言之），教育家循政府方针以标准教育，常为纯粹之隶属政治者。共和时代，教育家得立于人民之地位以定标准，乃得有超轶政治之教育。"这就是说，如果教育只剩下下半截，局限于"国家本位"的"隶属于政治"的教育（如前所说，这样的教育是有必要、有意义的），而削去上半截，取消"超轶于政

中国的现代教育从其起点上就是一个半截子的教育

治"的"人的个体生命发展本位"的教育，教育就不能从根本上与专制时代（或含专制性质的时代）的教育划清界限，也就谈不上"共和时代"的"现代教育"，根本失去了现代教育的终极目标、精神价值。

这样的教育思想在起点上的被阉割，对中国现代教育的影响是极为深远的，又是致命的。可以看出，中国的现代教育始终没有摆脱蔡先生所警戒的"极端之国民教育"和"极端之实利教育"，亦即国家主义的教育和商业化教育这两大阴影。这当然不是偶然的。蔡先生曾谈及中国民族、政府都有"见小利，急近功"的特点，少有超越性思维和对人的生命的根本关怀，因此，总是囿于国家发展的眼前的功利需要和商业的利益，而不能理解和接受终极性的、超功利、着眼于受教育对象长远发展的教育的本性与本质，从而一再导致教育的终极目标和精神价值的失落。

质疑所谓"新教育观"、"新人才观"

这样的"极端之国民教育"和"极端之实利教育"，不仅源远流长，而且于今尤烈，已经形成了新的且是不容质疑的观念：一以贯之的"为国家利益服务"的教育观和所谓"新教育观"："为市场服务，培养市场所需要的人才。"我将这样的教育观指导下的人才观作了这样的概括——

"这将是怎样的一种人才呢？他们有一种很强的能力，能够正确无误、准确无偏差地理解'他者'（在学校里是老师、校长，在考试中是考官，以后在社会上就是上级、长官、老板）的意图、要求；自觉地压抑自己的不同于'他者'要求的一切想法，然后正确、准确、周密地，甚至是机械、死板地贯彻执行，所谓一切'照章（规定、社会规范）办事'，做到恰当而有效率，并且能够以明确、准确、逻辑性很强而又简洁的语言文字，作出总结，并及时向'他者'汇报。这样的人才，正是循规蹈矩的标准化、规范化的官员、技术人员与职员。他们能够提供现代国家与公司所要求的效率，其优越性是明显的；但其人格局限也同样明显：一无思想，二无个人创造力、情感力和想象力，不过是能干的奴才和有用的工具。在这个意义上，他们也是齿轮与螺丝钉，而且是国家机器与商业机器的双重齿轮与螺丝钉。"（《"往那里去？"》）

不可否认，这样的人才观，反映了现代教育的一个悖论：一方面，它确实需要培养有能力有效率的专门的实用人才（包括技术官员），但同时它又存在着使人工具化、奴隶化的陷阱和危险。如我们在前面所讨论的，蔡先生也曾遇到过既需要"国民教育"和"实利教育"，又要防止其走向"极端"的困惑，他所提出的"五育并举"的思想就是企图在满足不同层次的要求的教育之间取得某种平衡。而现在所提出的"新教育观"与"新人才观"不但延续了我们说的"半截子教育"，而且更推向极端，这就必然和当年蔡先生等先驱者的教育理想、理念，背道而驰，并且越走越远了。

"心中之痛"：难道和就业无关的教育
进入不了今天的大学？

这就说到了 2007 年我的两次"心中之痛"。一次是在暑假，我应邀在一个大学通识教育的师资培训班上讲课，介绍我二十多年在大学开设"鲁迅研究"课的经验和体会。在演讲结束后的讨论中，一位大学教师向我提出了一个要求，要我举例说明：我的鲁迅课对促进学生今后就业的作用。我听了大吃一惊，一时语塞，甚至有点手足无措，而我的心却隐隐作痛。我无意指责这位年轻教师，我理解，他之所以这样向我提问，是因为他自己在上课时，也经常被这样问道："你的课，和学生的就业有没有关系？"如果没有关系，就没有上的必要，也没有人愿意听。那么，今天的大学，就真的成了蔡元培先生所说的"养成资格之所"、"贩卖知识之所",成了"职业培训班"了?

但我还是有点不敢相信:或许这只是个别的现象?不久,也就是9月刚开学,报上的两条新闻,又让我目瞪口呆了:"大一新生刚来报道,学院院长率领教师先约见新生家长,提醒家长从现在开始,就要为孩子毕业以后选择哪种职业方向提前作好规划。在北大迎新队伍中,公修课'大学生职业生涯规划'也来摆摊宣传",据说北大已经聘请了"热门求职企业的人力资源主管"担任"职业发展导师";而所谓"北大学生就业指导服务中心"的某主任则宣称,"新开职业生涯规划课程,是为了让学生尽早规划职业生涯,拟订符合自身的职业发展道路,课程将讲授职业生涯的规划步骤和方法,让学生在认清自己的职业兴趣的同时,了解职业社会的需求",而课程最吸引人之处,就在于"能近距离接触好单位的人力主管,并接受职业发展指导,提前为找工作打基础",说白了,就是为找工作时的"攻关"打好基础(2007年9月3日《北京青年报》"本市新闻":《大一新生入学,校方帮助策划前程》)。

正是在这样的"按照就业的需要"来规划自己的大学生活,从一开始就要学会'攻关'"的"指导"下,又出现了《大学新生进校先开发人脉》的新闻(2007年9月6日《新民晚报》"早间点击")——新生未入学,家长和学生就忙成一团,通过一切途径,寻找各种关系,以求"打点、照应",并打听这样的信息:"大学英语课是不是××老师的给分比较高啊"、"团委和学生会哪个比较有前途"、"评奖学金是不是只看成绩,还要在学生会混得很好"……据说"一名还没有正式报到的新生,甚至把学院的主要领导、团委书记、班主任都摸得清清楚楚了"。

这就是今天的北京大学,今天的中国大学!这就是今天的中国大学生——哪怕只是一部分,也让我倒抽一口凉气!

大学教育的功利化、实用化,竟至于到了这样的地步!"一切靠关系"的社会腐败观念对年轻一代心灵的毒害和渗透,竟至于达到这样的程度!

我曾经为中学教育成了为"应试"服务的工具、和应试无关的教育进入不了今天中国的中学,而痛心疾首;现在,我又产生了这样的担心:难道大学教育真的成了为"就业"服务的工具,和就业无关的教育进入不了今天的大学?如果真是这样,我真的惊诧莫名了!

> 一切为了应试,一切为了就业",已经成为当下中国中学教育、大学教育的起实际作用的(而不是口头宣扬、文件上写的)教育逻辑

这是我们必须正视的现实:"一切为了应试,一切为了就业",已经成为当下中国中学教育、大学教育的起实际作用的(而不是口头宣扬、文件上写的)教育逻辑,而且已经为相当多的教育行政部门、校长、教师、家长乃至学生实际上所接受,这反过来形成巨大的舆论压力(前引报纸的报道显然在推波助澜),影响着中国教育的发展方向。

或许正因为面对这样的"大学失精神"的现状,我们才更要举起教育理想的旗帜,谈大学"应该怎样",重新回到我们刚才讲到的蔡元培先生提出的中国现代大学教育

思想的原点，作为一种抗衡的力量。至少表明，今天的中国，还有另外的追求、另外的声音。

我注意到今天来到这里的听众，有不少是在校大学生，那么，我们就来讨论一个问题：你们"十二年寒窗"，好不容易考上大学，但你们想过没有：上大学干什么？

上大学是干什么的？

一个现成的答案，同学们大概也是这么想的：上大学就是为学习专业知识技能，使自己成为合格的专业人才，以适应国家建设的需要，适应人才市场的需要，就个人和家庭而言，也是获得谋生的手段。这样的想法，很自然，也不是没有道理的，前面我们已经说到，蔡元培先生也没有否认实利教育的意义。鲁迅也说过，人"一要生存，二要温饱，三要发展"，生存、温饱是第一位的，生存、温饱成了问题，是谈不上发展的。但我们又不能走向实利主义的极端，而忽视了更为重要和基本的追求。我们所确立的上大学的目标，不能局限于做一个合格的专业技术人才，当一名专家、学者、官员、企业家，更要努力做一个健全发展的"人"。爱因斯坦有这样一句名言——"学校应该永远以此为目标：学生离开学校时是一个和谐的人，而不是一个专家"，这句名言强调的也是"做人"的意义。我们在前面引述的蔡元培的话，也是这个意思："教育者，养成人格之事业也。使仅为灌输知识、练习技能之所用，而不贯之以理想，则是机械之教育，非所以施于人类也。"

我们所确立的上大学的目标，不能局限于做一个合格的专业技术人才，当一名专家、学者、官员、企业家，更要努力做一个健全发展的"人"

蔡先生说得很清楚，上大学是来学"做人"，把自己培养成"人"，而不是充当国家机器或商业机器的"机械"（"工具"）。

当然，整个教育都是为了"立人"，但在不同阶段，又有不同的要求。我在很多场合，都谈到大学生和中学生的最大区别是，中学生总体说来，是"未成年人"，是受到家长和老师的保护和限制的；而大学生却已经"成人"，是一个具有比中学生更多的自主性的独立的成人，是国家的公民。但另一方面，大学生还是处在人生的"准备"阶段，并不要求为社会服务，因此，我开玩笑说这是一个"有公民权利，而暂时无须尽义务"的人生的"黄金时期"，大学生应在这生命的"盛夏"时节，大胆地追求"知识、友谊与爱情"，尽享青春生命的欢乐。但同时，作为一个成年人，你就必须面对严肃的人生问题，关心人之为人的精神问题，这样，才能"自觉"成"人"。具体地说，就是要思考、探索"人生的目的、人活着是为什么"，思考"在现代社会，人与人之间，人与社会、人与自然、人与宇宙世界之间应建立起怎样的合理的健全的关系"，"在现代社会，个人对他人、社会、国家、民族、人类负有什么责任"这样一些根本问题，进而建立起自己的信念和信仰，确立自己的生活目标和人生志向，作出自我设计，即"我准备做一个怎样的现代中国人"，从而为自己一辈子的"安身立命"奠定一个坚实的基础。同时，又为实现理想、抱负作准备，在下工夫学好专业知识，打下坚实的专业基础之外，还要努力提高自己的身体素质和精神素质，如不断开拓精神的自由空间，陶冶性情，铸炼人格和意志力，在发展个人爱好和兴趣中充实与发展个性，提高精神境界，开掘和发展想象力、审美力、思维能力和创造力，等等。这里，最基本的有两条，一是着眼于自己作为一个"健全的现代人"的全面发展，成为一个有责任感的成人和公民；一是着眼于自己一生的长远发展，以此来设计自己的大学生活。我们之所以反对前面所说的"按照就业的需要规划大学生活"的"指导"，就是因为它忽视了教育的根本："人"的健全、长远发展，而把你们引向一条极其功利化，而又极其短视、狭窄的人生之路。

就业和大学教育

当然，也不必回避你们人生道路上的"就业"问题。这可能是你们这一代人的一个不幸：读中学时遇到了"高考难"，好不容易上了大学，又遇到了"就业难"。如何应对"大学生就业难"的问题，不仅是你们所遇到的现实问题，也是对大学教育的一个挑战。许多似是而非的说法与"指导"就是这么产生的。我想谈四点意见，供你们参考。

第一，大学生就业难，确实暴露了大学专业及课程设置、教学内容比较陈旧，不能适应社会、经济、科技等发展新要求的问题，造成了所培养的大学生在知识结构上存在某些缺陷和不足，这确实需要调整，这应该是

大学教育改革的重要方面。同学们也应更自觉地不断调
整和完善自己的知识结构,在知识上也获得全面发展。
其二,大学生的不能适应现代社会的发展需要,更重要
的是精神素质的问题。这些年经常谈到的诸如独立自主
能力(包括生活能力)较差,缺乏团队精神,不善于和
他人合作,知识面狭窄,以及独立思考、创新能力不足,
等等,其实,所暴露的,都是独生子女的家庭教育和中
小学应试教育的问题。大学教育正应该补这一课,加强
我们前面所说的"健全发展的现代人"的教育。因此,
同学们注意提高自己的精神素质,注重自身的健全发展,
恰恰是为自己的就业创造最根本的条件,"立人"并不与
"就业"矛盾,而是其前提。如果舍弃"立人"的根本,
而只着眼于具体的操作技能,不仅是舍本逐末,更有可
能是南辕北辙。其三,我们对就业的要求,也应该有一
个长远的眼光。我在《以"立人"为中心》一文里,曾
经注意到有学者提出的"新的时代变革对人的要求有什
么变化"的问题,如果从这样的高度来认识就业问题,
就会注意到,在未来的信息社会,知识的更新、开拓是
极其迅速的,人的社会职业也是在不断变化的,人在社
会中所处的地位,人所扮演的社会角色,也会出现多变
性和多样化的特点,因此,它所要求的人才必须是有极
强的应变能力和创新能力的,这就是有学者所说的"以
创造性的应变能力为本位的个体人才观"(参看袁振国:
《培养创新人才是教育的最高目标》)。

这就是说,即使从就业的问题着眼,为了适应职业

变化的长远需要，大学教育也应当着重培养大学生的应变和创新能力，也就是要着重打好基础，提高他们的学习能力（包括中外语言的听、说、读、写能力，利用文献、工具书的能力等等），研究能力（发现问题、提出问题、解决问题的能力，思考、计算、实验的基本方法和能力，等等）和具有开放性、广阔性、创造性、批判性和想象力的思维能力。有了这些基本能力，就有了终身学习和研究的基础，才能够真正适应迅速变化的人才市场的需要，并且在人才竞争中始终占据高位。相反，如果在大学里的学习，只一味追逐眼下的市场需求，把自己的视野、知识面、能力训练弄得十分狭窄，即使取得一时之效，由于"底气"不足，应变创新能力差，在持久的竞争中就会落后以至被淘汰。要知道，人才的竞争，说到底，是人的学养、素质的竞争。同学们在中学阶段已经吃够了应试教育的苦，造成了自己学养、素质上的巨大缺憾，如果到了大学，仍然眼光短浅，不注意从根本上提高自己的学养和素质，浪费了大学的大好时光，是会抱恨终身的。其四，当然，我们也不否认具体职业技能的意义，但那是可以通过职业培训来解决的，大学教育中也可以有适当的职业培训的内容，大学毕业以后，也还要继续这样的职业培训，我们讲"终身学习"，就包括不断接受职业培训；但绝不能将大学办成"职业培训班"，这道理应该是很清楚的。

我们还是把问题回到根本上：大学何为？大学是干什么的？

人才的竞争，说到底，是人的学养、素质的竞争

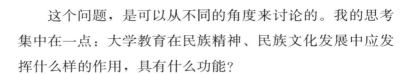
这个问题，是可以从不同的角度来讨论的。我的思考集中在一点：大学教育在民族精神、民族文化发展中应发挥什么样的作用，具有什么功能？

积淀与传承：大学的"坚守精神"

首先，大学教育担负着民族文化与人类文明的积淀和传承的任务。这又包含相互依存的两个侧面：一是知识的传授，也就是将思想文化转化为知识、学术，并将其规范化和体制化；一是精神的传递，就以我的专业现代文学这门学科为例，它建立的基础，首先是五四新文化运动开创的中国新文学的思想、文化、创作的实践。这样的实践发展到一定程度，就要转化、提升为知识、学术，成为一种精神资源，进入大学课堂，建立一门学科。也就是说，学科的形成就是将思想、文化的实践成果转化为知识，成为体系化、规范化的学术与精神资源的过程。这样的体系化、规范化的知识、学术和精神资源，作为一门课程进入课堂，就成为一种教育资源，通过教师的传授与学生的学习，一代又一代地传递下去。可以说，现代文学就是通过中小学的语文教育，以及大学里的我们这门学科的教学进入传统，并在民族心灵上扎根的。而同学们到大学里来，目的也很明确，就是要通过一门门的课程的学习，在教师的指导下，最广泛地读书，获取知识，吸取最广泛的精神资源，用民族文化和人类文明所创造的一切精神财富武装自己，不仅学得专业知识，更为自己一生的精神成长打好底子，同时将民族文化和人类文明的基本经验和精神传统继承与发扬下去。

　　大学的这样一种"民族文化与人类文明的积淀和传承"的功能与作用，就决定了大学的"保守性"特质。长期以来，我们不加分析地把"保守"作为一个贬义词来使用，仿佛保守就意味着落后、守旧，因而就是愚昧，等等。这背后有一个"新比旧好、越新越好"的观念，其实这是大可质疑的。从知识发展的角度来说，是必须先有学习，继承，借鉴，积累，而且在学习的初期，还有一个模仿、重复前人的过程，没有"旧知"的积淀，绝不可能出"新知"。从精神发展的角度，就更是要有坚守，有些基本的东西是不能动的。其实，"保守"也就是"坚守"。从这一层面说，大学在民族、国家、社会的总体结构中，是一个民族文化传统、民族精神的象征，是坚守、保守文化传统、民族精神的堡垒。在这个意义上，大学精神就是"坚守（保守）精神"。大学诚然不能脱离现实，但又必须和世风流俗保持一定的距离，即所谓远离尘嚣，保持干净、冷静与清醒：它不但不能随波逐流，更不能为歪风恶俗推波助澜，而且应该起到社会清洁剂、清醒剂和中流砥柱的作用。尤其是在民族危难和社会失范的时期，大学的这样的坚守精神就显得特别的重要。

　　而我们现在所生活的，就是这样的社会失范的时代，价值崩溃和混乱的时代。面对滚滚而来的金钱至上、物质崇拜、物欲横流的大潮和不可抵挡的世俗化倾向，坚持独立、自由的思想，坚持信念与乌托邦理想，坚持精神和道德的操守，就有着特殊的紧迫性。在这样的整个民族面临

大学在民族、国家、社会的总体结构中，是一个民族文化传统、民族精神的象征，是坚守、保守文化传统、民族精神的堡垒

严重的精神危机的时刻，以精神与学术的追求作为自己本职的大学应该起民族精神的中流砥柱的作用。我在20世纪90年代中期写的一篇文章里，曾发出"保留一块'精神流浪汉'的精神圣地"的呼吁，并且说："我们必须坚守这一块精神的最后的立足之地；如果再后退一步，我们就什么都没有了。"当时，这样的呼吁，就很有几分悲凉的意味；十多年后的今天，这样的呼吁不仅更加迫切，而且其悲凉意味也愈加浓重了。

在我看来，或者说在我的理想中，今天的大学特别需要"沉静"、"清洁"和"定力"，即所谓静、清、定这三种精神力量。当整个社会陷于喧闹，大学、大学里的老师和学生，就应该沉静；当整个社会空气被腐败所污染，大学、大学里的老师和学生，就应该清洁；当整个社会陷于浮躁，大学、大学里的老师和学生，就应该有定力。我说过，上大学，就是"练内功"。这就需要外在环境的安静和清洁——许多大学都建在城市的郊外，特别幽静的校园，还要用一堵围墙和外界隔离，其中的道理是颇耐寻味的。大学的迷人之处，就在于身处这样的校园，人可以沉潜下来，沉潜到历史的最深处，沉潜到学术的最深处，沉潜到民族和人类文明的最深处，沉潜到自我生命的最深处。这是一种生命的"洁身自守"。"洁身"，就是中国传统所说的"修身养性"，就是培育自己的人性的根本，做人的根本，处世的根本，保持生命应有的清洁和纯正。"自守"，就是守住基本规范——求学、治学的规范和做人的规范，一切有不受外界压力和诱惑左右的，

> 大学的迷人之处，就在于身处这样的校园，人可以沉潜下来，沉潜到历史的最深处，沉潜到学术的最深处，沉潜到民族和人类文明的最深处，沉潜到自我生命的最深处。这是一种生命的"洁身自守"

绝不放弃，绝不让步、妥协的一定之规，这就是"定力"，这都是"内功"，内功练好，就有了沛然之"气"：做学问的底气，做人的底气。底气足了，厚实、厚重了，再到社会上去，就可以源源不断地发功，充分地发挥自己的生命力量，并且为社会有效地服务。——当然，也还需要继续"练功"。

但今天说这些话，确实是"痴人说梦"。因为现实的大学，完全是"反其道而行之"：社会喧闹，大学更喧闹；社会腐败，大学更不清洁；社会浮躁，大学更无定力。而且还有"理论"，其实质就是实用主义，其背后又隐含着虚无主义——除了时尚和利益，一切都不可信，不可靠，都可以放弃、抛弃。这正是腐蚀着中国社会风气和教育的两大思潮。其在教育领域的表现和导致的恶果，就是知识的实用化——拒绝一切和实用无关的知识，精神的无操守——拒绝一切精神的追求与坚守。这是一种大学本性的丧失，大学教育的堕落。

质疑与创新：永远的批判和创造精神

大学的作用、功能还有第二个方面，即要对社会发展的既定形态，对已有的文化、知识体系，以至人类本身，作不断的反省、质疑与批判，并进行思想文化学术的新的创造；不仅要回答现实生活所提出的各种思想理论问题，更要回答未来中国以及人类发展的更根本的问题，思考看似与现实无关，却是更带原创性的所谓纯理论（包括自然科学理论）的问题，为民族、国家、人类社会的发展与变革，提供新的精神资源，提供新的思维、新的想象力与创造力。

这是大学功能中的"革命性"的方面。这同时也就决定了大学在关注社会和思想、文化的现实形态的同时，又要与之保持一定的距离。如一位学者所说，大学应和"现状"（社会、政治、经济、思想、文化、学术……的现状）保持本质上的张力关系，保持某种怀疑的、批判的态势，这才有新的创造的可能。没有批判（质疑和否定）就不会有创造（立新、建设），而批判的目的正是为了创造。至少说应该有一部分大学里的教授和学者自觉地处于社会、学术的边缘位置，以保持思想与学术的独立性、超越性、彻底性与超前性，以及本质上的批判性与创造性。大学里对学生的培养和训练，一个重要方面，就是要培养学生的逆向思维的能力，怀疑、批判的精神，不拘一格的想象力，独立创造的精神与能力。大学是绝对不能成为"现状"（无论是政治、社会的现状，还是思想、学术的现状）的维护者、辩护者的，大学的基本精神就是鲁迅所说的"永远不满足现状的，永远的批判和创造精神"。它和前述"坚守精神"相反相成，构成了"大学精神之魂"。

前面说过，当下我们正处在一个价值混乱的时代，在这样的时代，不仅需要坚守，还要有创造：不仅我们每一个人，而且整个中国与世界都面临着一个"价值理想以至信仰的重建、文化重建"的任务。大学理应充分发挥自己

大学是绝对不能成为"现状"（无论是政治、社会的现状，还是思想、学术的现状）的维护者、辩护者，大学的基本精神就是鲁迅所说的"永远不满足现状的，永远的批判和创造精神"

的批判和创造功能，回应这样的历史性的要求。要做到这一点，就必须在前面所说的"静"、"清"、"定"之外，还要有独立精神和"参与"精神。所谓独立，就是说，大学和大学里的教师和学生，必须有超然和独立的立场。在我看来，大学的教授、学者应该坚守的是民族文化和人类文明中的普适性价值和理想，以及作为生命个体的思想与学术的追求，而绝不是某一个利益集团的意志；更要防止自身成为利益集团。这样才能保持精神的独立和思想、学术、行为的特立独行，也才可能有出于公心的批判、创新，文化和价值的真正重建，才可能使思想、学术的创造成为社会的"公器"。

而这样的批判与创造的动力，又是来自强烈的社会关怀，对社会、民族、人类的承担意识——大学、大学的教师与学生都应该有"参与"精神。如蔡元培先生所言，"教育（应）指导社会，而非追逐社会"。大学不仅应有围墙，和社会保持一定距离，而且还要走出校门，参与社会实践。因此，我们前面所说的"洁身自守"，当然有闭门修养之意，但又不能局限于闭门修养，而应该始终和现实社会、世界，特别是中国这块土地上的人民和文化保持精神的联系，这也是"立人"之所必须和根本。同学们在设计自己的大学生涯时，在以主要精力进行学习之外，还应适当参与社会公益活动。我们前面所说的"沉潜"，也应包括"沉潜于社会，特别是社会底层"的意义和要求。我和许多大学生和青年志愿者都说过："读书，思考，写作，实践"，应该是年青一代的成长、成材之路。

但现实却是，大学教师和学生要保持独立，对社会发挥独立作用，确实是困难重重。因为体制对大学的基本要求，就是要大学及大学里的教师、学者成为现状的维护者与辩护士。所谓"教育为……服务"，都无一不在逼迫大学放弃作为其生命线的批判与创造功能。我在很多场合都引用鲁迅的两篇文章的标题，说明当下体制对大学教授和知识分子的要求，就是八个字：一"同意"（对一切决策、理论、思想，都表示拥护、支持），二"解释"（运用自己的专业知识、术语将其理论化、学术化、合理化），三"宣传"（利用自己的话语权力向群众和青年学生灌输），四"做戏"（自己内心相不相信都没有关系，不是"信而从"，而是"怕和利用"，彼此都在"做戏"）。这是对大学精神的践踏，是在根本上瓦解、摧毁大学的根基。

问题是，这样的要求是得到有效执行的，它已经直接影响到年轻一代的教育。据我的观察，中国的大学生、研究生中出现了一批（当然不是全部）"做戏的虚无党"，前面所说的实用主义、实利主义与虚无主义已经渗透其灵魂，他们很懂得如何配合体制，做各种表演，同时利用体制的力量，最大限度地从中获取自己的利益。而且这样的人正在被培养成接班人。一切关心中国教育和中国社会未来发展的人们必须对此有一个清醒的认识和估计。

问题更在于，它是得到知识分子的主动、半主动的

据我的观察，中国的大学生、研究生中出现了一批（当然不是全部）"做戏的虚无党"

配合的。这乃是因为这样的要求，是有相应的制度保证的。这就是这些年日渐成熟的，我所说的"新科举制度"。这是有一整套评价标准、竞争机制和操作程序的，如职称的评定与竞争，学科带头人、人才工程的成员的评定与竞争，硕士点、博士点、重点学科、学术基地的评定与竞争，不同级别的科研项目的评定和竞争，不同级别的奖项的评定和竞争，等等。同学们都是大学中人，其间的种种弊端，以至丑闻，都耳熟能详，我就不多作分析了。我只想指出一点，这是典型的"请君入瓮"，但它又是和每个人的利益直接相关的。最初是为获得基本生存条件，不得不入，而一旦从中获得好处，就会由无止境的利益冲动和欲望所驱动，入其中而得其乐，进而乐不思返，就真的被"收编"了。其代价就是放弃学术与精神的坚守、批判和创造，自动、半自动地抛弃大学精神和知识分子的职责与良知。——这就是我们正在上演，还会长期演下去"大学失精神，失灵魂"的悲剧，而许多场合已经变成闹剧了。

我们现在就大学功能与作用问题作两点小结。

第一，什么是"一流大学"的问题，大学教育的生态平衡的问题。

首先，这些年，我们一直在谈"创建一流大学"，其实在我看来，真正的第一流的大学，就是能够最大限度地发挥大学的两大功能，在民族和国家的思想文化结构里，同时担负着"学术、文化、精神的堡垒"和"新学术、新

真正的第一流的大学，就是能够最大限度地发挥大学的两大功能，在民族和国家的思想文化结构里，同时担负着"学术、文化、精神的堡垒"和"新学术、新思想、新文化的发源地"的双重重任的

思想、新文化的发源地"的双重重任的。在现代大学史上，"五四"时期的北京大学和抗战时期的西南联大都起到了这样的作用。

当然，我们也要看到，大学功能的这两个方面，总的说来，自然是统一的，而且是相互渗透，很难截然分开的。但也存在某些紧张关系。如前所说，要完成思想、文化、学术的积淀和传承，在一定程度上，需要将思想、文化转化为知识、学术，并将其规范化和体制化；而新思想、新文化、新学术的创造，又是以对既成的、被体制化的思想、文化、学术提出质疑与批判为前提的。这样的"规范化、体制化"和"对规范、体制的突破"的双重要求，就构成了大学与学院学术的内在紧张。大学教育实际上就是在这两者的张力中进行的，是在相互矛盾和制约、相互补充中达到某种平衡，获得比较健全的发展。

事实上，大学教授是自然分为两种类型的，一些教授是学问家，对传统极其熟悉，如数家珍，虽然可能创造力有所欠缺，但能够很好地起知识的积淀和传递的作用，这样的教授是绝对不能少的。但同时会有另一批教授，他不断对现有知识体系进行质疑，同时也试图进行新的创造，自立新说，尽管并不成熟，但却打开了一个新的思路，这样的教授也是不可少的。作为学生，听这两类教授的课可能会有不同的感受：前者一般很有秩序，非常有条理，合乎规范而有系统，有时略嫌枯燥，缺少创意；后者思想活跃，充满活力，很能引发思考，但不太规范，合理性和荒诞性并存。学生们正可以从这两类教授的相互比较与补充中，学到比一种类型、一个模式的教学更多的东西。这两类教授彼此之间有时也会互有批评，前者常说后者不严谨，没学问，后者老说前者知识陈旧，缺乏活力。其实正是说明了互补的必要。当然，校园里的教授也不都是我们这里所说的这么极端，更大量的可能是复合型的，但也都会有鲜明的个性，不同的治学方法、教学风格。我经常说，校园的林子里什么鸟都该有，不能让学生只听一种鸟鸣，这样才能保持大学里的学术生态平衡。

我经常说，校园的林子里什么鸟都该有，不能让学生只听一种鸟鸣，这样才能保持大学里的学术生态平衡

第二，大学独立与思想、学术自由，这是大学的两条生命线。

这实际上已经说到了我要总结的第二点：大学要真正发挥我所说的两大功能和作用，是需要一定的前提和条件的，最重要的有两条：一是"独立"，二是"自由"。人们通常把大学视为"精神独立和思想自由"的象征，这是有道理的。

首先是"独立"。这里又有"精神独立"和"体制独立"两个层面。"精神独立"问题，我们刚才已有论述。这里主要说体制的独立。

体制的独立，除了学校在和国家、政府的关系上要有更多的独立性之外，涉及一个"校园民主"的问题，即学校里的校长、教师、职员、工人和学生是否享有充分的民主权利，独立自主权的问题。在某种意义上可以说，这正是中国大学教育带有根源性的根本问题所在。前面所说的"极端之国家主义教育"和"极端之实利主

义教育"，无论怎样批评，都纹丝不动，甚至变本加厉，原因就在高度集权的教育体制。这样的等级授权的集权体制，形成了对大学自主权的严重干预和限制，使大学丧失了独立性。同时使大学不可避免地体制化、官僚化，即人们通常所说的"衙门化"。行政权力的无所不至形成了对教师的学术权利、学术自由的严重干预。本来是教学主体的教师，特别是青年教师，却成了校园里的"弱势群体"。在官僚体制的腐蚀、诱惑作用下，高校里的腐败现象屡禁不止，使我们有理由提出这样的问题：在中国的校园里，是否有可能形成一个以权力作为支持和保护的，试图占尽大学资源（包括政治、思想、文化、学术、经济诸方面）的既得利益集团？或者，它正在悄悄地产生？——这才是最值得忧虑的。

> 我就曾经做过这样的大胆的梦：大学设立"思想特区"，选择一两所大学比如北京大学做实验，允许大学教师、大学生在校园里"胡思乱想、胡说八道"，同时，也要强调教师、学生言说的责任感

说起"自由"，人们自然要想起蔡校长当年在北大所实行的"兼容并包"的办学方针。如蔡先生自己所说："近代思想自由之公例，既被公认，能完全实现者，厥惟大学。大学教员所发挥之思想，不但不受任何宗教或政党之拘束，亦不受任何著名学者之牵制。苟其确有所见，而言之成理，虽在一校中，两相反对之学说，不妨同时并行，而一任学生比较而选择，此大学之所以为大也。"

我曾经讨论过这样一个问题：什么是大学里的"第一流的人才"？最重要的就是要有原创性与开拓性，同时，也就必然具有某种异端性。特别是开创思想与学术的新路的初期，他们必然要向已被普遍认同，并多少被

凝固化的"定论"与权威挑战。

在蔡元培校长看来，影响大学的思想与学术自由的，不仅有"宗教或政党之拘束"，还有"著名学者之牵制"。这里有一个学术权力的问题："多年的媳妇熬成婆"，这一个"婆"是很容易在"新媳妇"面前显示权威的，如果"新媳妇"还想反叛自己，就更要行使淫威了。这样的"学霸"或"准学霸"压制学术新生力量的现象，已经在大学里出现，很值得警惕。这背后是一个学术民主的问题，也是一个校园民主的问题。大学里所有的成员，教师、职员、学生、工人，都应该是校园的主人，这也关系着在座的大学生的民主权利问题。这就涉及中国大学体制更深层次的问题，不是今天所能讨论的了。我的"胡思乱想、胡说八道"就到此为止。

2008 年 3 月 10～22 日整理。

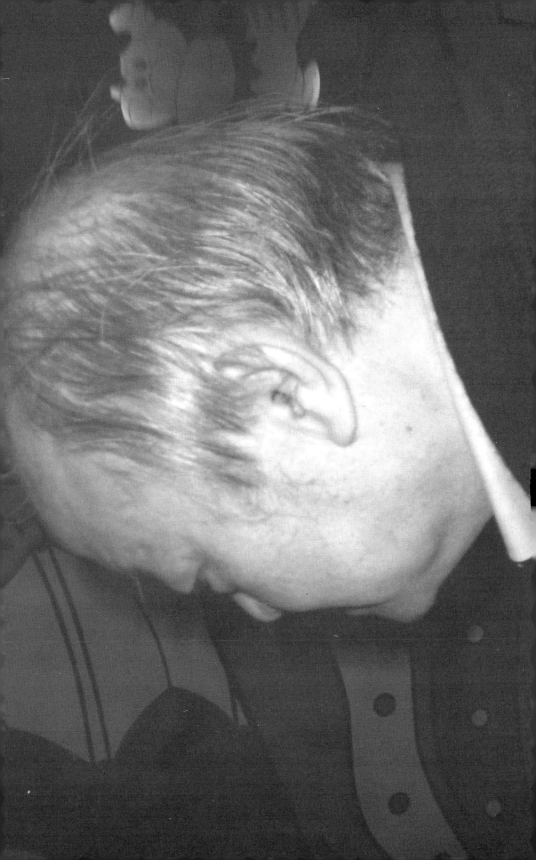

在人群的和谐与人和自然的和谐气氛下，人的生命就进入一个沉潜的状态，只有在这样的气氛与状态下，人才能尽情地享受读书之乐，切磋学问之乐，同时思考生命、宇宙、人生、人性、中国、世界、人类的大问题，以尽情享受思想之美，进入真正的教育与学术的境界。这是书院教育的魅力所在。

我的书院教育梦

2005 年 8 月 25 日，在贵州大学座谈会
上的讲演

 我这次到贵州来，关心的是地方文化建设与教育问
题，主要是来学习的。也想了一些问题，但并不成熟，而
且很多想法显然是理想主义的，所谓书生空谈。但教育在
一定意义上可以说是一个理想主义的事业，我曾经对一些
师范院校的学生和中学教师说，教师最重要的素质，就是
理想主义的精神。办教育的，整天忙于具体的教学业务，
有时候也需要跳出来，与教育现实拉开距离，考虑一些大
的、远的、玄的问题，做一番遐思与畅想，来一点不着边
际的空谈，做一回"理想教育"的梦。说不定真的就打开
了思路，梦也就部分地变成了现实；有的梦永远也实现不

了，但想一想本身也是很美好的。我今天讲的就是我的关于地方院校的理想，我姑妄说之，诸位就姑妄听之吧。

发掘本地教育资源

其实我也讲不了大的、远的、玄的问题，而且我还得先讲一个实际问题，就是办教育，就得有教育理念，而教育理念不能凭空产生，需要吸取教育资源，我要说的就是到哪里去寻找教育资源的问题。通常的思路是到国外去寻找，例如 20 世纪 50 年代学苏联，现在则是以美国教育为学、追的目标。地方上的学校就眼睛盯着全国的名校，北大、清华传统这些年是为大家所津津乐道的。这样的到异域与外地去寻找资源的努力，是必要的，对于相对闭塞的贵州尤其重要。当然，其中也有许多问题，例如将某一国（当年的苏联、今日的美国）的经验绝对化，就会产生很大问题，不过这不是我们今天要讨论的。我想说的是另一方面的教育资源，被严重忽视了的教育资源，这就是我们本地自身的教育资源。

这里有一个认识上的误区：我们对贵州的"落后"缺乏一个辩证的认识，把它绝对化了，好像我们已经穷得响丁当，一无所有，除了到处讨饭吃就别无出路了。其实，"落后"与"先进"不是绝对对立的，总体上的落后，并不等于就没有先进的资源。贵州是穷，但我们也有自己的"金娃娃"，看不到这一点，我们就会闹"抱着金娃娃讨饭吃"的笑话。我们贵州教育历史上就有两个"金娃娃"，而且都很大，全国、全世界都很重视，就是我们自己视而不见。一个是王阳明在修文办的书院，一个是抗战时期内迁到梅潭的浙江大学，这两次办学，都形成了传统，产生了很大影响，里面有很多宝贝，就看我们识不识宝，肯不肯下工夫挖掘。贵州大学是在抗战时期兴办的，与浙江大学这样的内迁学校一起，在贵州现代教育史上创造了非常辉煌的一页，也有许多宝贝，而且就在我们身边。建国以后的教育，尽管有许多失误，但也有很多宝贵的经验。20

教育改革也同样存在这样一个发掘内在资源与内在动力的问题

世纪 60 年代我在安顺卫校、师范教书，现在回想起来，那时贵州的中等专业学校是办得不错的，培养出来的学生对贵州的卫生、教育事业起了很大作用，但不知为什么这些年中专都不办了，在我看来，这是一个很大的损失。

建国后贵州大学的具体情况我不了解，但我想还是自有一个传统，也是应该继承的一个教育资源。

发掘本地的教育资源不仅是扩大资源范围，或许还有更大的意义。前几天我们在安顺讨论屯堡文化，提出了一个非常重要的问题，就是农村的改造与建设必须要有内在资源与内在动力，光靠外在力量的注入，是不可能持续并产生实质性的变革的。在我看来，教育改革也同样存在这样一个发掘内在资源与内在动力的问题，而且这又关系着能否使我们的教育真正具有"贵州特色"，因而这是一个事关全局的问题，确实不可小看。

我的书院教育梦

就我个人而言，我最感兴趣的是王阳明的书院教育，这关涉我的一个梦。书院教育其实是中国教育的一个传统。这方面已有许多专家作了深入的研究。在座的贵校张新民教授对书院教育及王阳明的书院更有许多精辟的论述。我没有专门的研究，自然不能提供什么新的意见。我关注的其实是一个实践问题，即这样的书院教育，对我们今天的大学教育，特别是研究生教育，是否有借鉴的意义与价值，我还想进一步做"书院式教育"的实验——这是我的一个教育梦想。

我之所以会做这样的梦，是因为感到现在的研究生教育出了问题，就想另寻教育资源作为参照与补充。我最强烈的感受，是现在的师生关系变了，越来越变成"老板"与"打工者"的关系，现在许多导师都被叫作"老板"，而且是名副其实的。据说现在当导师有一个条件，就是必须有国家或省的项目，有项目经费，说穿了就是给学生开得出钱，其实理工科早就如此了，现在又推广到文科。师生关系变化的背后是教育的变质，变成知识的买卖。即使不是这样露骨的买卖，也变成纯粹的知识的传授。这里没有了心灵的交流，思想的碰撞，人格的影响，性情的熏陶，精神的吸引与传递，在我看来，这就意味着教育本质的失落。而正是在这些方面，中国传统的书院教育是有明显的优势的。

在我的理解与想象里，书院教育除了重视师生、同学之间的密切交往，用今天的话来说，即所谓零距离接触外，同时注重人与自然的感应。在人群的和谐与人和自然的和谐气氛下，人的生命就进入一个沉潜的状态，只有在这样的气氛与状态下，人才能尽情地享受读书之乐，切磋学问之乐，同时思考生命、宇宙、人生、人性、中国、世界、人类的大问题，以尽情享受思想之美，进入真正的教育与学术的境界。而这些又都是现代教育，特别是当下中国大学教育、研究生教育所匮缺的。我们的教育越来越急功近利，人们的心态越来越浮躁，这就意味着我们距离教育与学术越来越远了。在这样的情况下，哪怕是部分地引入学院式的教育方式，有一个短暂的实践机会，让年轻学子体验一下教育与学术的真味，也是好的。我的梦想就是建立在这样一个可怜的愿望基础上的。

而在我的想象里，或许贵州是进行这样的书院式教育实验的好地方。这当然首先是因为贵州有王阳明书院传统，同时贵州独特的自然条件，作为一个"公园省"，它的气候、风光、环境，是最适合读书与切磋学问的。我特别看重的是它的闭塞——看起来这是一个缺陷，但从另一个角度看，它因此而与外界的浮华世界保持一个距离，这样的距离其实正是教育与学术研究，特别是书院式教育所必需的。很多事情都要从两面看。比如，相对来说，贵州发展机会比较少，但也因此没有多少诱惑，认准一个目标，就可以心无旁骛地去做。贵州比较空闲，生活节奏慢，有的人因此而变得懒散，但对另外的人来说，这样的闲暇，正可以摆脱急功近利的心态，悠悠闲闲、从从容容、潇潇洒洒地做学问。贵州外界的信息比较少，这自然需要用加强对外交流来弥补，但外在的东西少，却又把人逼向自己的内心，开发内在的想象力与创造力，悟性好的人，正好可以把自己的生命与学问引向深厚。因此我经常说，贵州是一个练"内功"的理想处所。回想起来，当年我就是在贵州练了 18 年的内功，才会有今天的发展。我们这里所讲的"心无旁骛"、"悠闲从容"与"逼向内心"，都是书院教育的核心要素，是其真正魅力所在。在这个意义上，贵州推行书院式教育实验，是具有得天独厚的条件的。

讲到这里，突然想起，在"文化大革命"的后期，我们当时在安顺有一个"民间思想村落"，就是一群朋友在一起读书、讨论、悠游——流连于大自然，更做精神的漫游，享受着"天高皇帝远"的自由。今天看来，这样的学习方式，就多少具备了书院教育的因素。当时，我们所效仿的是毛泽东青年时代在湖南办自修大学的模式，而毛泽东的自修大学显然对中国传统的书院教育是有所借鉴的。——如此说来，我今天再做书院教育梦，其实是根源于我当年的贵州生活经验的。

外在的东西少，却又把人逼向自己的内心，开发内在的想象力与创造力，悟性好的人，正好可以把自己的生命与学问引向深厚为了使我的书院教育梦多少具有某种可实现性，我刚才在从安顺来贵阳的路上，想了一个具体实施方案。不妨以暑期讲习班的形式，集中二三十名学员，由一位（至多两三位）导师主持，师生朝夕相处一个月，导师讲学之外，主要是学生自己读书，师生共同讨论、诘难。更多的时间是海阔天空地神聊，做无所顾忌、无所不至的精神漫游，并在大自然中做放荡纵情的神游，尽兴地享受"从夫子游"与"携弟子游"之乐，并通过写《游学记》等方式，将这样的从游之乐内敛为深层的思考与生命的感悟。我甚至具体设想，从游的学员以研究生为主，可以吸收少量的高年级大学生与青年教师，还要给没有机会上大学却有强烈学习愿望的社会青年，留下一定的名额。

尽兴地享受"从夫子游"与"携弟子游"之乐

"精神圣地"：地方综合大学的社会扩散影响与作用

我之所以主张办书院式讲习班要适当向社会青年开放，有一个更深层次的关于地方大学的作用与功能的考虑，这可能更是一个不切实际，甚至是不合时宜的梦想。

还是从我的北大经验说起。几乎从在北大教书那天起，我就发现了一个极有意思的现象：每次上课，都有大批旁听生。后来读张中行先生的回忆文章，才知道这是北大的一个传统：不该来上课的每课必到，应该来上课的却可以经常不到。后者是因为北大崇尚自学，一些学生宁愿钻图书馆而不愿听他看来受益不大的课程；前者则是指"有些年轻人在沙滩一带流浪，没上学而同样愿意求学。还有些人，上了学而学校是不入流的，也愿意买硬席票而坐软席车，于是踊跃地来旁听"。我曾经写过一篇文章对这样的旁听现象作了如下分析："这样，北大就自然成了渴望求知而无缘入学的'精神流浪汉'的'圣地'，他们或者由此而登入精神的圣殿，或者不过以北大课堂作为精神的憩息地，稍事休整，又继续自己的精神流浪。在我看来，这正是北大及同类高等学府的特殊价值所在；而自由听课，对不注册的旁听生的宽容态度，更应该看作是北京大学教学制度以至教育传统的有机组成部分。它对不拘一格造就人才，培养学校与社会学术、精神自由气氛所起的作用，是无形的，却又是难以估价的；它应该成为中国现代思想、文化、学术、教育史的一个重要课题。"

而我感兴趣的，是这样一个现象：20世纪90年代末至本世纪初，当中国整个社会逐渐商业化、精神普遍失落、人们不再读书时，旁听生反而有增无减。退休以后，我在北大仅有的两次讲演、一次上课，都发现有大量的"精神流浪汉"前来旁听，而且课后围着和我进行热烈的讨论、久久不肯离去的，也是他们。我完全可以感受到他们对精神的渴求，因而感动不已，同时也对北大学生的相对冷漠而感慨不已。后者涉及这些年中国教育的重大失误，需要另作专门讨论，前者却证实了我的一个信念："人之为人，总是要有超越物质的精神的追

在任何社会，大多数人会有趋同的倾向，但也总会有人作出逆向的选择

求——可以遮蔽于一时，这人的变动的生命中的永恒却不可能消解，并迟早要显示出自己的力量。"而且，在任何社会，大多数人会有趋同的倾向，但也总会有人作出逆向的选择。因此，当物质追求成为一种时尚时，就会出现与之对抗的精神的追求以至痴迷，尽管是少数，但我们这样的人口大国，它的绝对量却相当可观。尤其他们聚集在一起，就会形成不可忽视的力量。问题是需要这样的一个可以满足他们精神需求的聚集地，北大由于它的自由、民主的思想学术传统以及它所集中的丰厚的精神资源，而成为全国精神流浪汉聚集的"圣地"，这是可以理解的。据我的观察，现在的许多网站事实上正在逐渐成为这样的精神流浪汉的聚集地，一个自由交流与相互支撑的精神园地。其对有追求的年轻人（他们正是民族未来的希望）的健康成长、对思想文化学术自由空间的开拓与社会风尚的变化的作用，是不可低估的，但这也是需要另作专门讨论的。

我想讨论的是大学与社会的关系问题。蔡元培提出了一个重要原则："教育指导社会，而非追逐社会。"我理解这包含两个侧面的意思：一是大学应该与社会现状之间保持一定的张力与距离，不趋时，不唯上，坚守自身的独立性，至少大学的一部分教授与学者应该自觉处于社会与学术的边缘位置，以保持思想与研究的超越性、彻底性，以及本质上的批判性；另一方面，大学又应该关注现实，积极参与社会变革，对社会发挥自己的辐射性影响。坚守前者，大学就能起到社会清醒剂、净化剂的作用；坚守后者，大学就自然成为社会变革的精神推动力。我们说，大学应该成为一个国家、一个地区的精神"圣地"，就包含了这两个方面的意义。

我知道在今天的中国与学界来谈这些，近乎痴人说梦，因为现实的中国大学，一方面早已以追逐时髦为荣，已经彻底地世俗化与工具化，成了政治与商业时尚的双重俘虏，没有任何独立性可言；另一方面，却对现实与社会变革采取惊人的漠视态度，批判精神与实践精神的缺失，使大学实际上放弃了对社会的承担。或许正是不满意于这样的现状，我们才要在这里说梦话。我曾经说过，"一个民族的年轻人，如果连梦也不能做，恐怕就太可悲也太危险了"，因为"一个民族，特别是处于政治与经济双重困惑中的民族，是需要相对超越的一方净土的"。教育就其本质而言，是具有某种乌托邦性的；学校，也包括大学，本应该成为年轻人的梦乡。现在，大学放弃了梦的功能，我们就来说说关于大学的梦话吧。——我已经说过，今天的这番话，就是说梦，讲空话。

还是拉回到我要说的主题上——如前所说，即使在这个商业化、功利化的社会，也还有绝对量并不小的一些人，特别是年轻人，有着强烈的对精神的渴求；刚才我们又强调为社会提供精神资源，是大学的基本功能，那么，我们自然就可以得出这样一个结论：大学，至少说国家与地区的重点大学，应该成为一个国家、地区的精神中心，或者说精神基地也可以。这就是说，我们不仅要有北京大学这样的全国年轻人向往的"精神圣地"，而且各省、各

教育就其本质而言，是具有某种乌托邦性的；学校，也包括大学，本应该成为年轻人的梦乡

地区也都应该有自己的"精神圣地"。不知道诸位有没有想过，或者说，诸位有没有这样的雄心壮志，使贵州大学成为贵州的有精神追求的年轻人所向往的"精神圣地"？——就在我们贵州，明代的阳明书院，抗战时期的浙江大学都是这样的"精神圣地"，我们为什么不能继承这样的传统呢？贵州大学是贵州省的最高学府，而且是一所综合性的大学，更是有条件、有责任发挥这样的精神中心或基地的作用。

问题是，怎样才能对年轻人产生精神的吸引力？这里的关键仍然是要有一批不仅有一流的学识，而且具有精神与人格力量的教师、学者，首先吸引校内的学生；然后，定期举办向校外开放的讲座，如周末讲座，以发挥教育的辐射作用。我们还可以利用校外的资源，以弥补自身教育资源的不足。为了使我的设想不至于过于空泛，这里，我想提一个具有可操作性的建议：可以利用贵州得天独厚的自然条件，在暑期设立"小学期"，请全国一流学者来贵州疗养，同时为学生开设一门课（其中某些学者可以做我前面所说的书院教育实验的导师），或作向社会开放的系列讲座，特别是这样的"贵州大学暑期讲座"，如果坚持三五年，七八年，就一定会产生巨大而深远的影响。可以预期，会有越来越多的青年在每年暑期从全省各地云集花溪，从而形成了"到贵大去充（精神之）电"的舆论，贵州大学就自然成为地方精神的聚集地与发散地，成为名副其实的贵州最高学府，在我看来，这才是"一流大学"的重要条件与标志。

地方院校的定位与培养目标

这些年走到任何一个地方院校，都可以听到一个中心话题：如何争取评上硕士点与博士点，很有点 1958 年"大跃进"的"气势"：有条件的要上，没有条件的创造条件也要上。各校各级领导为此耗尽精力与财力、物力，不惜代价，也不惜采取任何手段，由此而造成的腐败，已经到了见怪不怪的地步，成了中国大学教育的一个"毒瘤"。其中的原因自然十分复杂，这里我只想讨论一个理念的问题，即"地方院校的定位与培养目标"的问题。记得当年蔡元培先生曾主张将大学分为"研究型"与"实用型"两类。在我看来，蔡先生的意见今天仍有指导意义；而且我认为非国家重点的地方院校，基本上应定位为"实用型"大学，它的主要任务是为地方经济、政治、文化、社会的全面建设，培养实用人才。因此，主要应办好本科与专科教育，完全没有必要在各系、各专业都设点培养研究生。当然，为适应本省、本地区的某种特殊需要，在有全国性研究实力与影响的专业，也应该适度发展具有本地特色的研究生教育，可以专门建立研究室、所，但绝对不能搞"没有条件的也要上"。只有明确了这样的基本定位，地方院校才有可能集中精力，搞好本科、专科的教学工作，扎扎实实地提高大学生的教育质量。

这里，还涉及对地方院校教师的要求，这也是这些年弄得极为混乱的问题。本来教师的本职就是上课，在地方院校更应如此，评价教师的主要标准，就是他的教学态度、教学水平与教学效果。这本来都是办教育的常识。但由于盲目地向"研究型大学"高攀，地方院校普遍形成了"重科研、轻教学"的倾向，以所谓科研成果（在什么级别刊物上发表多少文章、出版了多少专著）作为评定教师职称的主要指标。其结果就是课堂教学质量的急剧下降，导致教师的轻教与学生的厌学，更使腐败滋生。

这里也涉及对教育本质的认识。大学教育是应承担两个任务、具有两个功能的，一是民族文化与人类文明的积淀与传承，其中包括知识的传授与精神的传递两个侧面；二是对社会发展的既定形态、对已有的文化知识体系以至人类自身，作不断的反省、质疑与批判，并进行思想文化学术的新的创造，提供新的精神资源。这就对大学教师的素质与能力提出了两个方面的要求，一是知识传授与精神传递，一是批判与创新，通俗地说，就是"课上得好，研究工作也上得去"。应该说，大学里确实有这样的教学、科研两个方面都出色的教师，这些理想状态的教师得到高度评价是理所当然的。

但也应该看到，在现实的层面，恐怕更多的教师的素质是存在偏颇，处于不平衡状态的：有的课上得好，科研能力却相对要弱一些；有的研究能力很强，但却不善表达，教学效果并不好。这就决定了大学的教师是分成两种类型的，即所谓教学型与科研型。不同的课程对教师也有不同的要求，一般说来，基础课要求较高的教学能力，选修课则要求较高的研究水平。因此，我们对教师的要求与评价，就必须是有区别的，而不能简单地采用一个标准。而如上所说，地方院校的实用型大学的定位，就决定了它必然是以教学为主，尽管也应该鼓励教师做一些研究，这是提高教学水平所需要的，但它对教师的主要要求却应该是课要上得好。

也就是说，相对于研究型大学，地方院校的教师主要应是教学型的，教师的主要精力应放在教学上，对教师的评价标准也应主要看其教学水平与效果，在科研方面不必有过高的要求。而我们现在的做法是本末倒置的：不但片面地强调科研忽视教学，而且对科研水平的评价也是简单量化的。其结果必然是对地方院校的主要任务教学工作产生严重干扰与破坏，而且也不利于地方院校科研工作的健康发展。——我们强调地方院校教学工作的特殊重要性，绝不意味着对科研工作和科研型教师的忽视。不应把教学与科研绝对对立起来，处理得好，两者是可以良性互动的。

地方院校应成为"培养乡村建设人才的基地"

我的这个讲话已经拖得很长，但最后我还想强调一点：地方院校应该成为"培养乡村建设人才的基地"。

这是由我们前面讨论过的地方院校应为地方建设培养人才这一问题引申出来的。特别强调培养乡村建设人才，是出于对我们的国情、省情的认识。曾经有一种说法，中国农村的唯一出路，是走城市化的道路。我不否认城市化是农村发展的重要方向，我质疑的是将其唯一化：在我看来，中国这样的国家，特别是贵州这样的地区，完全走城市化的道路是行不通的，必须走城市化与乡村建设同时发展的道路。在西部的开发、贵州的发展中，乡村建设理应占有一个战略性的地位；培养本土的乡村建设人才，这更应该成为贵州大学这样的地方院校的一个重大任务与战略目标。还必须预见到，随着贵州乡村建设事业的发展，贵州地方大学的学生就业必然要面对广大的乡村人才市场。因此，我们必须将完全面向城市的教育转向城乡兼顾的发展方向，在乡村建设问题基本上没有进入我们的视野的现状下，更应特别强调培养乡村建设人才。

> 我们必须将完全面向城市的教育转向城乡兼顾的发展方向

我刚从安顺来，我在那里参加了屯堡文化研讨会，以及《屯堡乡民社会》一书的首发式。我特别感兴趣的是，我曾经任教的安顺师专所创造的"校村挂钩"的经验。他们选择了安顺屯堡的九溪村作为点，组织教师与学生深入村寨作社会调查与研究，同时积极参与九溪的乡村建设，获得了乡民与乡村精英的极大信任。同时也反过来促进了学校的建设：《屯堡乡民社会》一书即是他们的科研成果，得到了中国社会科学院社会学研究所专家的很高评价，认为提出了许多重大的前沿性的理论与实践问题，具有全国性的意义；更重要的是，在这一过程中，一批青年教师得到了锻炼，迅速成长起来，成为学校的骨干，他们正准备利用调查研究成果在学校开设专题课，将其转化为教育资源。

在所有大学教育改革的设想与实践中，乡村建设问题都没有进入我们的视野，我们从来没有想过中国的大学应该担负培养乡村建设人才的重任

九溪村原村长、支书，屯堡文化研究会会长张文顺对此有一个很高的评价："以前是工厂、农村挂钩，军民共建，还没有听见过'校村挂钩'这一条。'村校挂钩'可以说是 21 世纪农村发展的途径。"我以为，这样的评价是有道理的。在 20 世纪的乡村建设运动中，南开大学、清华大学、燕京大学、协和医院四所全国著名大学就曾经成立了一个"华北农村建设协进会"。晏阳初先生称之为"中国大学教育史上的新纪录，大学教育的一大革命"。他说："农村建设运动是伟大的事业，必须以大学为基础，方能巩固。大学教育能走到乡村教育的路上来，比办几次识字运动，几个民众教育馆，其意义不知大了多少倍。有了大学源源不断地培养农建人才，这运动才会发扬光大。"他这里显然有两层意思：一是从大学教育自身来说，培养乡村建设人才是大学教育革命的需要和重要方面；二是从乡村建设来说，它本身是一个科学的实验工作，就必须有经过专门训练的人才，因此"必须以大学为基础"。晏阳初的这番讲话引起了我思想上的极大震动。我在一篇文章

里这样写道："在所有大学教育改革的设想与实践中，乡村建设问题都没有进入我们的视野，我们从来没有想过中国的大学应该担负培养乡村建设人才的重任，我们的大学教育——恐怕还不只是大学，而且包括中小学教育，我们的整个教育都脱离了中国农村的实际，脱离了中国最基本的国情，这难道不应该引起我们深刻的反思吗？"从这一角度看，安顺师专所开创的"村校挂钩"的模式，不仅为乡村建设开辟了一条途径，而且也为省、市地方院校的教育改革，提供了一条重要思路。他们的经验应该引起重视并认真总结。——我在一开头谈到的教育资源问题，其实，这样的来自本省实践第一线的经验，也许是更为重要与现实的资源。

原谅我说了这么多梦话与空话。坦白地说，许多话是我想了多年的，一直没有机会讲，今天总算多多少少说出来了，这要感谢大家耐心地听完。但仍然耽误了诸位的时间，这也是我深感抱歉的。

2005 年 9 月 29～30 日，11 月 3 日、5 日、6 日，11 月 25 日陆续整理。

知识面的拓宽，同时意味着人的视野、胸襟、精神境界的扩大，就可以发现各类知识，及其所反映的人的内、外世界的万般景象的内在联系，从而达到一种"通"——是思想的"通"，也是知识（学问）的"通"，这才是求知治学的高境界。

追求文、理的融通

1998 年 9 月 3 日，在北京大学理科
大一语文课上的讲演

今天，到这里来上课，相信我们师生都会有一种陌生感：这是我几十年第一次给理科的大学生讲中国文学。诸位大概也没有这样的思想准备：一进北大，最早接触的老师竟会是中文系的教授。在这个意义上，可以说我们今天是一次特殊的相遇。

"融通文、理"：北大的一个传统

其实，北大的历史上早就呼唤过，并且已经有过这样的相遇了。早在本世纪（20 世纪，下同——编者注）初，

蔡元培老校长在着手中国教育的改造时，就把高等教育分为两类，一类是培养实用型的专门人才的，他称之为"专科"；而他所强调的"大学"是"研究学理的机关"，一方面要"研究高深之学问"，同时要"养成健全的人格"，注重对"人"的精神的陶冶，理想（信念、信仰）的建立，"人"的潜在创造力的开掘与发挥。因此，他提出大学必须"偏重文、理两科"，并且规定："设法、商等科而不设文科者，不得为大学；设医、工、农等科而不设理科者，亦不得为大学"。后来，蔡元培主持北大的改革，第一步就是以文理两科作为北大的基础。而在文理两科的关系中，他又主张"融通文理"。最近，我读到了北大孙小礼教授的一篇文章，这篇文章对蔡先生的这一思想作了很好的阐释。据孙教授介绍，蔡校长在很多场合都提出要破除学生"专己守残之陋见"。他指出，"文科学生，因与理科隔绝之故，直视自然科学为无用，遂不免流于空谈"，"理科学生以与文科隔绝之故，遂视哲学为无用，而陷于机械的世界观"。在蔡校长看来，有些学科甚至是"不能以文、理分"的，"如，地理学，包有地质、社会等学理；人类学，包有生物、心理、社会等学理；心理学，素隶属哲学，而应用物理、生理的仪器及方法"。他的结论是：文理两科之间，"彼此交错之处甚多"，"故建议沟通文、理，合为一科"。

正是在蔡校长的倡导下，1919 年北大实行"废科设系"，将分属文理两科的 14 个专业，列为 14 个系，并以数学为第一系。蔡校长解释说："大学宗旨，凡治哲学、文学及应用科学者，都要从纯粹科学入手，治纯粹科学者，都要从数学入手，所以各系次序，列数学为第一系。"学校同时规定，本科的学习，必须"融通文理两科之界限：习文科各门者，不可不兼习理科之某种；习理科者，不可不兼习文科之某种"。王星拱教授当年就曾开设过兼容文理的综合性课程——"科学方法论"。讲稿后来整理成书出版，王教授在"序言"中特别强调，文理分驰，必然使文科学生"流于空谈玄想，没有实验的精神"，理科学生"只知道片段的事实，没有综合的技能，成就些被动的机械"，而"这两种人才，都不能适应将来世界之环境"。

思想与知识的"通"：求知治学的高境界

知识面的拓宽，同时意味着人的视野、胸襟、精神境界的扩大，就可以发现各类知识，及其所反映的人的内、外世界的万般景象的内在联系，从而达到一种"通"——是思想的"通"，也是知识（学问）的"通"，这才是求知治学的高境界。事实上，本世纪中国最早的几代知识分子，都在不同程度上达到了这样的"通"。文科方面，鲁迅、郭沫若都是医学出身，夏衍原来是学工程的，他们都有很高的自然科学的造诣。理工科方面，著名的人类学者裴文中的小说，曾受到鲁迅的赞扬，还选入了他所编选的《中国新文学大系》；建筑学家杨钟健当年在北大读书时就发表了许多小说；植物学家蔡希陶一面在云南采集植物标

本，一面写了许多有着浓厚的边地风情的小说；至于当年北大物理系的著名教授丁西林，在物理学与戏剧创作两方面都取得了很高的成就。而老一辈的自然科学家、工程师，都是有很高的中国古典文学的修养的，他们有的在业余时间所写的诗词、散文，都有很高的文学价值，如竺可桢、梁思成、华罗庚，等等。就是他们所写的学术论文、报告，文笔都是很优美的。

还可以举一个例子。我最近为准备这门课，翻阅了一些有关西南联大的材料，有好多回忆文章都谈到，当时最受欢迎的全校性的必修课程有两门，一门是冯友兰先生开设的伦理学；另一门就是中文系所开设的"大一国文"，包括"范文阅读"与"作文"两个部分，共 6 个学分，也是自编教材，包括文言文与语体文（现代白话文）两部分——这是第一次把体现新文化运动业绩的现代文学作品（包括现代散文、小说、戏剧与文学理论）引进大学国文教材，具有划时代的意义。"范文阅读"由教授轮流上课，先后教过这门课的，有朱自清、杨振声、沈从文、王力、陈梦家、闻一多、罗常培、浦江清、罗庸等第一流的学者、作家，几乎集中了中文系的精华。应该说，西南联大所培养的许多第一流的人才，都在不同程度上通过这门课接受了中国古代与现代文学、文化传统的熏陶，这对他们的健康成长，以及以后的学术发展起到了不可低估的作用。

　　有篇文章就曾回忆起，后来的诺贝尔奖获得者杨振宁与被称为中国原子弹、氢弹之父的邓稼先，在校园东墙根的树旁，"一块念古诗，一个拿着书看，另一个在背，就像两个亲兄弟"的情景（王世堂等：《忆在西南联大时的邓稼先》）。我记得还读过一篇文章（作者、题目都忘了），谈到杨振宁的文学造诣，说他直到晚年还写过分析西方某一现代名著的文章。

　　我想，这对我们应该是有所启示的：一个真正的大学者，或者说一个健全发展的现代知识分子，一方面，他要受到社会与知识分工的制约（现代知识的爆炸性的发展，造成很难出现文艺复兴时代那样的同时在好几个专业上"放射出光芒"的"巨人"型的学者），但同时他又在不断

一个健全发展的现代知识分子，一方面，他要受到社会与知识分工的制约，但同时他又在不断地努力突破分工造成的限制

地努力突破分工造成的限制，尽可能地扩展自己的知识结构，以求得自身学识、思维能力与性格的相对全面的发展。

文科教授与理科学生的历史性相遇

很可惜，这样的努力，后来中断了。解放后的院系调整，在当时可能有它的必要性，但却因此改变了文、理、工、医、农合校的教育体制，过分强调专业分工，而且分工越来越细、越来越琐碎，实际上是使"大学"专科化、实用化，不但削弱了大学里的人文教育，而且造成了理工科与文科学生彼此知识隔绝的状态，最终可能导致大学自身的"目标"、存在前提的丧失。正因为如此，这些年人们在思考中国大学教育的改革时，都不约而同地注意到了文理科在大学里的基础地位、大学人文教育的重要性，以及文理科的融通这样一些关系全局的重大问题，并逐渐形成了某些共识。

正是在这样的背景下，北大校领导及有关教务部门决定从这学期开始，在理科开设"大一国文"，先在两个班试验，条件成熟了，再推广到全校，把大一国文作为全校性的必修课，置于与政治课、外语课同等重要的地位，成为每一个北大学生必读的基础课程。蔡元培先生世纪初所提出的"文理融通"的理想，断而复续，在世纪末的教育改革中，得到了新的继承与发展——至少是迈出了第一步。这对在新的历史条件下，继承与发展北大的传统自然有着重要的意义。我在这堂课一开始所说的，我们——北大的文科教授与理科学生今天在这里相遇，具有一种特殊的意义，讲的就是这个意思。

警惕"现代科技病"

我想，同学们，尤其是刚入学的一年级同学，也可以借开设这门课的机会，好好思考一下大学期间的自我设计、自我要求的问题。这里，仅就我们这门课所涉及的一个方面，谈一些参考性的意见。我姑妄说之，同学们就姑妄听之吧。

同学们进入大学就是要学习现代科学、掌握专业知识的，但不知道同学们是否考虑过，所谓现代科学在具有无可怀疑的价值的同时，也还存在着某些负面的因素。随着现代科学的发展，专业分工越来越精密，这就导致了学科的专业化与技术化。这种专业化、技术化的学习是完全必要的，对于一个理科的学生尤其如此：你首先得进入专业，而且专业本身就会把你带入一个你所不熟悉的新的世界。但是，如果眼光完全局限在专业范围内，发展到极端，就会把专业的、技术的世界看作是唯一的世界，世界的全部，"唯知专业而不知其他"，这就把自我的精神天地压缩在极小的空间，知识面越来越狭窄，兴趣越来越单调，生活越来越枯燥，最终导致精神的平庸化与冷漠化。这种情况也最容易产生"靠技术吃饭"的观念，把专业知识与技术"功利化"了，实际上也就是将自己（掌握了专业知识的人）工具化了。人的这种精神的狭窄化与自我的工具化，正是意味着人最终成了科学技术、专业知识的奴隶，这就是我们通常所说的"现代科学技术病"。

人的这种精神的狭窄化与自我的工具化，正是意味着人最终成了科学技术、专业知识的奴隶，这就是我们通常所说的"现代科学技术病"

"走进专业"又"走出专业"

如果注意一下周围的现实，大概是不难发现这样的"病患者"的，近年来许多关心中国教育发展的人，都在谈论大学校园里人文精神的失落，指的也是这样的"病情"。对于今天在座的同学当然不存在这个问题，但也需要打"预防针"。就是说，既然已经看到了这样的可能出现的危险，在初进大学，设定自己的目标时，就应该给自己提出双重的任务：既要"进入"自己选定的专业，认真学好专业知识，打下坚实的专业基础，并且以精通专业技术，做本专业的第一流的专家作为自己的奋斗目标；另一面，又要"走出"来，不局限于自己的专业，看到专业技术世界之外，还有更广大的人生世界，在丰富、充实自己的专业知识的同时，还要丰富与充实自己的精神世界，追求自我心灵的超越与自由，从而确立更高层面的目标，也可以说是终极的目标：做一个健全发展的自由的"人"。我想，同学们要不虚度四年大学生活，做一个真正的北大人，并且成为合格的21世纪的人才，其中一个重要的环节，就是能否做到既"走进专业"又"走出专业"。

顺便再说一点，刚才我们曾说到现代科学技术发展的专业分工细密化的趋向，其实同时发展着的是与之相反的突破专业分工的趋向，而且在 21 世纪还会有进一步的发展，人类所面临的问题将会越来越复杂，必然要求知识的综合化，各门学科之间的贯通。因此我们强调既"走进"又"走出"专业，这也是代表了科学技术、人类知识发展的客观要求的。讲到这里，同学们也许会更加清楚，强调"文、理学科的相融"，要求理科学生学习必要的文科课程，不仅是为了扩大知识面，更是为了"走出"专业，获得人文精神的熏陶，开拓更加广大与自由的精神空间。

"大一国文"：寓人文教育于语文教育中

　　现在终于说到了我们这门"大一国文"课。从表面上看，大一国文与中学语文课都同样选讲课文、作文，似乎没有什么区别。当然，它们确有相通的一面，但最大的区分却在于，中学语文是基础教育，它着重于提高学生听、说、读、写的能力，培养学生学习语文的习惯；而大一国文，尽管它也会有助于提高同学们对文学作品的鉴赏与写作能力，但它的主要目的是通过文、史、哲经典的教学，进行人文教育，或者说是寓人文教育于语文教育之中——这门课程将把同学们引入我们民族古代与现代思想文化的宝库，和创造最精美的精神产品的大师巨匠，和古代最出色的哲学家、历史学家、文学家、军事家，和现代第一流的小说家、诗人、剧作家，和孔子、孟子、老子、庄子、孙子……，和鲁迅、周作人、老舍、曹禺、沈从文……，进行心灵的交流，精神的对话。你们将倾听：对人生万象、宇宙万物深切的关注，深邃的思考；对彼岸理想美好的想象，热情的呼唤；对此岸人的生存困境的痛苦的逼视，勇敢的揭露。于是这里有高歌，有欢笑；也有哀叹与呻吟。你们将触摸：集中了人世大智大勇的高贵的头颅，融汇了人间大悲悯大欢喜大憎恨的博大情怀的颗颗大心。你们将在有声有色有思想有韵味的语言世界里流连忘返，透过美的语言你窥见的是美的心灵美的世界。这是一个燃烧的大海，你不能隔岸观火，你必定要把自己也"烧"了进去，把你的心交出来，与这些民族的乃至人类的精英，一起思考，探索，共同承担生命的重与轻。就在这同哭同笑同焦虑同挣扎的过程中，你会于不知不觉中发现自己变了：变得更复杂也更单纯，更聪明也更天真，你将用更热烈的心去拥抱周围的世界与一切生命，同时更以一种怀疑的眼光去批判地审视一切被神圣化的事物与观念，更严酷地批判自己……

最后你发现自己内在的智慧、思考力、想象力、审美力、批判力、创造力，被开发出来，你的精神自由而开阔了，你的心灵变得更美好了。总之一句话："使人及人的世界更美好。"这就是一切文学、艺术、历史与哲学的创造及其被接受的最终目的，也是我们这门课程预设的最高目标。能否达到，到什么程度，则要看我们大家的努力：这也是不言而喻的。

总之一句话："使人及人的世界更美好。"

同学们可能已经注意到，我是用诗一般的语言来描述我们这门课程的。我是特意如此的。目的是要向同学们提示：应该以怎样的心态、姿态与方法来学习这门课程。首先要从中学时代已经压得你们喘不过气来的应试教育的精神重负下解放出来，以一种轻松、愉快、从容、洒脱的游戏心态来学习这门课程。要知道你们是在读一首首的诗，是为了得到精神上的解脱与享受，而不是为了考试。读书，特别是读文学的书，最重要的是要有兴趣，甚至可以说，需要一种儿童般的好奇心，因为每一篇文学作品（假冒伪劣的当然不在内）都会给你打开一个新的天地——或者是你不熟悉的，或者在你习以为常的生活中有新的发现与开掘的。在这个意义上，读书，读一本本、一篇篇文学作品，就是一次次的精神的探险。我希望，也是对同学们的最主要的要求，就是要怀着强烈的期待感，以至某种神秘感，走进课堂，渴望着与老师一起，闯入一个个文学的"迷宫"——或者说"新大陆"也可以，解开一个个的文学的奥秘。这样，就会由"老师要我学"变成"我要学"，由被动的学习变成主动的了。

学习文学的特点和方法：感性投入和创造性阅读

　　这门课的学习，是要求同学们的主观介入的。这有两层意思。一是文学作品的阅读与鉴赏不能是纯客观的，冷眼旁观的，而必须是感性投入的，一定要摆脱中学语文课的"一扫清字词障碍，二分段，三分析段落大意，四归纳中心思想，五列出写作特点"这个五段法的分析模式，那是会把生动活泼完整的文学生命冷静地解剖、支离的。应该保持阅读的新鲜感，不带任何先入的主见、不作任何分析地去读，抓住阅读的第一感觉与感受，以感悟为基础。要感同身受地和作品中的人物共命运，同欢乐，体察他们心灵的每一个细微的颤动；特别要细细地琢磨作品的语言，品尝出语言的"味儿"来。

应该保持阅读的新鲜感，不带任何先入的主见、不作任何分析地去读，抓住阅读的第一感觉与感受，以感悟为基础

同时文学作品的阅读是最富创造性的，文学作品的价值是在读者的参与中实现的。文学作品总是具有极大的混沌性、模糊性，包含多重的（甚至是开掘不尽的）意义，有的意义甚至是可意会不能言传、无法明晰化的。这就是说，文学的本性决定了对它的理解、阐释必然是多元，甚至是无穷尽的，经典文学作品更是常读常新，所以有"说不尽的莎士比亚"、"说不尽的鲁迅"，以至"说不尽的阿Q"等等说法。

因此，文学作品的阅读与鉴赏给同学们的感悟力、理解力、想象力和创造力的发挥提供了一个极好的机会。就像数学有"一题多解"一样，文学作品也同样可以作出多种阐释与分析的。在阅读过程中，老师会对作品作出自己的理解与分析；同学们通过自己的独立阅读，可以认同老师的分析，也可以对老师的分析作出某些修正与补充，更可以作出不同于老师的新解，这不但是允许的，而且正是我们所鼓励的。

总之，我们希望这门"大一国文"课能够给同学们提供一个广阔而自由的精神空间，提供一个自由的思考与创

造的机会与场所。只要同学们开始独立的思考了，自由的创造了，不管你的思考与创造是否成熟，这门课的目的也就达到了。

我们期待着这样的创造性的阅读与思考的开始。

1998 年 9 月 13 日整理，2008 年 3 月 13 日再整理，有删节

所谓大学就是在这样一个大的生存空间和精神空间里面，活跃着这样一批沉潜的生命、创造的生命、酣畅的生命和自由的生命。以这样的生命状态作底，在将来就可能为自己创造一个大生命，这样的人多了，就有可能为我们的国家，我们的民族，以至为整个世界，开创出一个大的生命境界：这就是"大学之为大"。

漫说"大学之大"

2004 年 9 月 26 日在烟台大学，2006 年 6 月 10 日在江西师范大学的讲演

今天看到同学们，我很自然地想起了 48 年前的事。48 年前我 17 岁，考取了北大中文系，也是非常兴奋，同时也有点惶惑。我想，这跟诸位上大学时的心情是一样的。上大学对人生来说是非常重要的一件大事情，有许多问题需要认真思考。其中一个最重要的问题，是我当年思考的，我想也是今天在座的诸位同学所要思考的，就是"如何度过大学四年——这人生最宝贵的时光"。

大学时代：人生的盛夏

为什么说这是人生最宝贵的时光呢？根据我的经验，16 岁到 26 岁是人生的黄金岁月。16 岁以前什么都懵懵懂懂的，完全依赖于父母和老师，16 岁以后就开始独立了，26 岁以后就开始考虑结婚啊、生孩子啊这么一大堆乱七八糟的事，真正属于自己的独立的时间就不多了。而这 16 岁到 26 岁十年之间，大学四年又是最独立、最自由的。当然如果你想延长的话，你还可以考研究生，将这四年再延长一下。如何不虚度人生中这最自由的、最没有负担的、真正属于自己的四年的时间，是摆在每一个大学生面前的问题。

大学之不同于中学，最根本的转变在于：中学时你是未成年人，对你的要求很简单，你只要听老师的、听父母的，按照他们的安排去生活就行了；到了大学你就是公民了，可以享受公民的权利，但又不到尽公民义务的时候。中学生和大学生最大的区别是：大学生是一个独立自主的个体，中学生是被动地受教育，而大学生是主动地受教育。当然在大学你还要听从老师的安排、听从课程的安排，那是国家教育对你们的要求。但是更重要的是要发挥自己的主动性，自由地设计和发展自己。有同学给我写信说我考上大学了，满怀希望进大学，结果一上课就觉得老师的课不怎么样，对老师不满意。我觉得其实每个大学都有一些不太好的老师，北大也一样！不可能所有课都是好

如何不虚度人生中这最自由的、最没有负担的、真正属于自己的四年的时间，是摆在每一个大学生面前的问题

的。中学老师不太好的话，会影响你的前途。但是在大学里，关键在你自己，时间是属于你的，空间是属于你的，你自己来掌握自己，自己来学习，不必像中学那样仅仅依赖老师，需要自己独立自主，自我设计。

那么这就产生了一个问题，大学是干什么的？你到大学来是为了完成什么任务？我想起了周作人的一个很基本的观点：一个人的成长一切都顺其自然。他说人的生命就像自然的四季：小学和中学是人生的春天；大学是人生的夏天，即盛夏季节；毕业后到中年是人生的秋天；到了老年就是人生的冬天。人生的季节跟自然的季节是一样的，春天该做春天的事，夏天该做夏天的事。自然季节不能颠倒，人生季节同样不能颠倒。

而现在的问题恰好是人生的季节颠倒了。我在北京老看见那些老大妈在那里扭秧歌，扭得非常起劲。按说这时候不应该再扭秧歌，是因为她们在年轻的时候没有好好扭过秧歌，所以到老了就要扭秧歌，而且扭得非常投入、非常狂。我有时候就在想，"老夫聊发少年狂"是可以的，如果"老夫"没完没了地在那里"狂"就不对了，到处都在跳就不大正常了。

现在是老年人狂，相反，少年却是少年老成。这就出了大问题。所以我经常对北大的学生讲："你此时不狂更待何时？"这人生的季节是不能颠倒的。按照我的观点，儿童就是玩，没别的事，如果让儿童去救国，那有点荒唐。首先在大人方面是失职，没有把国家治理好，让儿童来救国；而对儿童来说是越权，因为这不是他的权利，不

現在是老年人狂，相反，少年却是少年老成。这就出了大問題

是他的事。但现在的中国经常发生这种人生季节颠倒的事。

作为青年人的大学生主要该干什么？这又让我想起48年前我刚进北大一年级的时候，中文系给我们开了一个迎新晚会，当时的学生会主席，后来成为著名作家的温小钰师姐说过一句话——祝贺你们进入大学，进入大学就要三样东西：知识、友谊和爱情。

> 知识、友谊和爱情这是人生最美好的三样东西，知识是美的！友谊是美的！爱情是美的

爱情这东西可遇不可求，你不要为爱情而爱情，拼命求也不行。现在好多年轻人赶时髦，为时髦而求爱情是不行的。但遇到了千万不要放掉，这是我们过来人的教训。我在大学，其实是在中学就遇到了非常喜欢的女孩子，但是不敢，另外当时我是书呆子，就知道一门心思读书，懵懵懂懂不知道这就是爱情。所以大学里如果遇到了真正纯真的爱情就不要放弃。知识、友谊和爱情这是人生最美好的三样东西，知识是美的！友谊是美的！爱情是美的！大学期间同学的友谊是最可珍贵的，因为这种友谊是超功利的、纯真的友谊，同学之间没有根本的利益冲突。说实在话，进入社会之后，那种朋友关系就多多少少有些变味了，多少有利益的考虑。你们可能体会不到，我们都是过来人，现在我们大学同学聚会就喜欢回忆当年那种纯洁的、天真无邪的友谊。一生能

够有这样的友谊是非常值得珍惜的。所以我说大学是人生
最美好的季节，因为你追求的是人生最美好的三样东西：
知识、友谊和爱情。

记得作家谌容有篇小说《减去十年》，如果我可以减
去十年或二十年，如果现在是当时的话，我会和同学们一
起全身心地投入，理直气壮地、大张旗鼓地去追求知识、
友谊和爱情。因为这是我们年轻人的权利！

如何读书，读什么书

这里侧重谈一谈该怎么求知识、怎么读书的问题。关
于读书，周氏兄弟有两个出人意料却意味深长的比喻。鲁
迅说："读书如赌博。"就像今天爱打麻将的人，天天打、
夜夜打，连续地打，有时候被公安局捉去了，放出来还继
续打。打麻将的妙处在于一张一张的牌摸起来永远变化无
穷，而读书也一样，每一页都有深厚的趣味。真正会打牌
的人打牌不计输赢，如果为赢钱去打牌在赌徒中被称为
"下品"，赌徒中的高手是为打牌而打牌，专去追求打牌中
的趣味的。读书也一样，要为读书而读书，要超功利，就
是为了好玩，去追求读书的无穷趣味。周作人也有一个比
方，他说："读书就像烟鬼抽烟。"爱抽烟的人是手闲嘴空
就觉得无聊，而且真正的烟鬼不在抽，而是在于进入那种
烟雾缥缈的境界。读书也是这样，就在那种读书的境
界——它是其乐无穷的。

我们的教育，特别是中学教育的最大失败就在于，把

这如此有趣如此让人神往的读书变得如此功利、如此累，让学生害怕读书。我想同学们在中学里都是深有体会的：一见到书就头痛，其实要是我一见到书就高兴，就兴奋。中学教育把最有趣味的读书变成最乏味的读书，这是我们教育的最大失败。现在同学们进入大学后就应从中学那种压抑的、苦不堪言的读书中解放出来，真正为趣味而读书，为读书而读书，起码不要再为考试去读书。这里涉及一个很有趣的问题：读书是为了什么？读书就是为了好玩！著名逻辑学家金岳霖先生当年在西南联大上课，有一次正讲得得意洋洋、满头大汗，一位女同学站起来——这位女同学也很著名，就是后来的巴金先生的夫人萧珊女士，她问："金先生，你的逻辑学有什么用呢？你为什么搞逻辑学？""为了好玩！"金先生答道，在座的同学们都觉得非常新鲜。其实"好玩"二个字，是道出了一切读书、一切研究的真谛的。

真正为趣味而读书，为读书而读书，起码不要再为考试去读书

还有一个问题：读什么书？读书的范围，这对同学们来说可能是更现实的、更具体的问题。鲁迅先生在这方面有非常精辟的见解：年轻人大可看本分以外的书，也就是课外的书。学理科的偏看看文学书，学文学的偏看看科学书，看看别人的研究究竟是怎么一回事。这样对于别人、别的事情可以有更深切的理解。周作人也自称是杂家，他主张大家要开拓自己的阅读范围，要读点专业之外的书。

这里我想着重地谈一谈理科学生的知识结构问题。恩格斯曾经高度评价文艺复兴时期的那些知识分子说："这是一个产生巨人的时代。"所谓巨人都是多才多艺、学识

渊博的人。那时候的巨人像达·芬奇这些人，不仅是会四五种外语，而且在几个专业上都同时发出灿烂的光辉。恩格斯说："他们没有成为分工的奴隶。"这使他们的性格得到完整、全面的发展。在"五四"时期也是这样，"五四"开创的新文化的重要传统就是文理交融。

在这里我不妨谈谈我的大哥钱宁——科学院院士、著名的黄河泥沙专家。我大哥在文学方面有很高的造诣。大家可能注意到我有一部关于曹禺的研究著作，最早告诉我曹禺还有《原野》这部戏剧的就是我大哥。他对《红楼梦》很有研究，我在他面前自叹不如。他对《红楼梦》的热爱直接影响到他的学术研究，在临死之前他写了一篇文章，提出了一个富于浪漫主义的想法——建立与"红学"相媲美的"黄学"，研究黄河文化。这样的一种想象力、这样的气魄让我非常佩服。自然科学达到最高境界的时候，一定是与人文交融的。那是一种科学的大境界！

我们中国的第一代、第二代甚至到第三代自然科学家，他们在两个方面都有很高的造诣。1949年以后，由于大学体制的改变，专业划分越来越细，越来越专业化，这使得学生知识越来越单一，越来越狭窄。现在有些学者的精神气质、气度、精神修养上与前辈学者有距离，而这个距离不是临时努力读书能够弥补的。精神气质差异的根本的原因在于知识结构的不同，在于缺少文理交融的境界。在一般情况下，学理科的人缺少文学的修养、缺少哲学的修养显不出他有什么缺欠。反过来一般学文学的人不懂自然科学好像没有什么关系。但是到一定高度的时候，学理工的有没有文学修养和学文学的人有没有自然科学的修养就会显出高低了。知识结构的背后是一个人的精神境界的问题，而一个人能否成功最主要的是看他的精神境界。

在座的还有许多学外语的同学，在这里我还要对你们提一点忠告。我发现这些年外语学习越来越技术化、工具化，学外语就是学语言，缺少了对文化的学习。学英语、学俄语恰好缺少对英国、俄国的文化、文学的必要修养，这成了一个非常严重的问题。我曾经为北大外语系硕士生考试出我们专业的考试题，我就发现最简单的题他们都做不出来，连胡风是什么人都不知道。这其实是一种职业的危机，随着外语教育的发展，以后说外语对年轻一代是越来越寻常的事，如果你仅仅是把语言说得流利，而不懂得语言背后的文化，你就失去了优势。特别是到外国去留学，仅仅会外语有什么用处，仅仅是语言好形成不了你的优势，因为别人的语言也会很好。学语言也不是多难的事情，在学校里打好了基础，在外国呆几年，语言也会好得很。所以你必须要有文化，你学俄语，就必须对俄国的文化、文学有很高的修养。学语言的同学不要把你的专业变成单纯地学语言，要注意学习语言背后的文化、语言背后的文学，否则你同样成为一个工具。当年周作人就说："不能只盯着英语文学，我们还有德、法，还有朝鲜、蒙古。"这就是世界眼光，尤其就全球化以后的发展大趋势来看，我们必须要有世界的眼光。学语言的人不仅要精通一种语言，还要旁通几种语言，这需要一种更开阔的视野。

因此所谓如何读书，读什么书，实际上是如何设计自我的知识结构的问题。大学期间自我设计的一个非常重要的方面就是知识结构的设计。周作人对知识结构的设计能给我们很大启发，他说：我们的知识要围绕一个中心，就是认识人自己。要围绕着认识人自己来设计自己的知识结构，周作人提出要从五个方面来读书：第一，要了解作为个体的人，因此应学习生理学（首先是性知识）、心理学、医学知识；第二，要认识人类就应该学习生物学、社会学、民俗学和历史；第三，要认识人和自然的关系，就要学习天文、地理、物理、化学等知识。第四，"关于科学基本"，要学习数学与哲学；第五，"关于艺术"要学习神话学、童话学、文学、艺术及艺术史。他说的这些方面，我们每个人都应该略知一二。既精通一门，同时又是一个杂家，周作人提出的这一点并不是做不到的。

那么在大学期间我们如何朝着这个方向去努力呢？怎样打基础呢？我有这样一个看法，提供给大家参考。我觉得大学期间的学习，应该从三个方面去做。

第一个方面，所有的学生，作为一个现代知识分子，都必须学好几门最基础的课程。一个是语言，包括中文和外语，这是所有现代知识分子的基础。顺便说一下，这些年人们越来越重视外语的学习，你们的外语水平都比我强得多了，我非常羡慕。但是却忽略了对中文的学习，包括许多学中文的学生甚至到了博士阶段还有文章写不通，经常出现文字、标点的错误的。有一些学生外文非常好，中文非常差，这样一个偏倚就可能失去母语，造成母语的危

如何读书，读什么书，实际上是如何设计自我的知识结构的问题

机。这是一个令人非常焦虑的问题。越是像北大这样的学校，问题越严重。作为一个健全的现代中国知识分子，首先要精通本民族的语言，同时要通一门或者两门外文，不能偏废。在注意语言的同时，还有两门学科的修养值得注意。一个是哲学，哲学是科学的科学，哲学的思维对人很重要，无论你是学理的还是学文的，都要用哲学的思维考虑问题，有没有哲学思维是很重要的问题。还有一个是数学，数学和哲学都是最基础的学科，也同样关系着人的思维问题。当然，不同的专业对数学和哲学的要求不一样。比如学经济学的人，必须有很高的数学修养。对学中文的人，数学修养虽然不必那么高，但是你也要有一定的修养，数学是训练人的思维能力与想象力的。不同的专业有不同的要求，但所有学科的所有学生都要打好一个语言、哲学与数学的底子。这关系到你的终身学习与终身发展的基础。

第二个方面，必须打好自己专业基础知识的底子。我认为在专业学习上要注意两个要点。一个是要读经典著作。文化讲起来非常玄、非常复杂，其实都是从一些最基本的经典著作生发出来的。就我所知道的中国古典文学而言，中国早期的文史哲是不分的，中国的文史哲、中国的文化其实都是从几本书生发出来的，就是《论语》、《庄子》、《老子》这几本书，它们看起来很简单，但以后的中国文化就是由这些原典生发开来的。我带研究生，尽管学的是现代文学，我也要求他们好好地读《论语》，读《庄子》，读《老子》，有时间还要读《史记》，学文学的要读

无论你是学理的还是学文的，都要用哲学的思维考虑问题，有没有哲学思维是很重要的问题

《文心雕龙》，就这么几本书，并不多。当然，这属于补课，按说这几本书，在大学期间就要下工夫好好地读，把它读得比较熟。读的时候最好读白本，读原文，千万不要去读别人的解释。必要的时候看一点点注释，主要应该面对白本原文、面对原著，你反复读，读多了自然就通了。有了这个以后你的学术发展就有了坚实的基础。就我的专业——现代文学而言，我就要求学生主要读三个人的著作：鲁迅、周作人、胡适。把这三个人掌握了，整个中国现代文学你就拎起来了，因为他们是领军人物。专业学习要精读几本书，几本经典著作，在这几本经典著作上必须下足够工夫，把它读熟读深读透。这是专业学习的第一个要点。

第二个要点是掌握专业学习的方法。通过具体学科、具体课程的学习，掌握专业学习的方法。这样在专业方面，你既打了基础，有经典著作作底子，同时又掌握了方法，那么以后你就可以去不断深造了。

我刚才说过理科学生也要学文，那么学什么呢？我也主张读几本经典。每个民族都有自己几个原点性的作家——作为这个民族思想源泉的作家，这样的作家在他这个民族是家喻户晓的。人们在现实中遇到问题的时候，常常到这些原点性作家那里来寻找思想资源。比如说所有的英国人都读莎士比亚、所有的俄国人都读托尔斯泰、所有的德国人都读歌德，每个民族都有几个这样的大思想家、大文学家。这些大思想家、大文学家，是这个民族无论从事什么职业的人都必须了解的，也是这个民族的知识的基

（侧注）每个民族都有自己几个原点性的作家——作为这个民族思想源泉的作家，这样的作家在他这个民族是家喻户晓的

础、精神的基础和依靠。具体到我们民族，如果你对文学有兴趣，大体可以读这样一些书：首先是《论语》、《庄子》，因为这两本书是中国文化的源泉，最早的源头；第二，读《诗经》、《楚辞》，还要读唐诗。唐代是中国文化的高潮时期，唐诗是我们民族文化青春期的文学，它体现了最健全、最丰富的人性与民族精神；第三是《红楼梦》，这是总结式的著作，是百科全书式的著作；第四个是鲁迅的著作，他是开现代文学先河的。我觉得理工科学生即使时间不够，也应该在以上所谈的那四五个至少一两个方面认真读一点经典著作。我建议开这样的全校性选修课，你们修这样一两门课。有这样一个底子，对你以后的发展很有益处。

第三个方面，要博览群书。要学陶渊明的经验——"好读书不求甚解"，用鲁迅的话说就是"随便翻翻"，开卷有益，不求甚解。在北大有无数的讲座，我鼓励我的学生都去听讲座，听多了你就不一样了。我们北大有个传统，听课的有一半的是旁听的。课堂上老师姑妄讲之，学生姑妄听之。你睡着了也不要紧，懵懵懂懂也听到了几句话，这几句话就能让你受益无穷。我们曾经开玩笑，也是北大人比较自豪的一点，说"我们的学生就是四年睡在寝室里不起床，他听也听够了"。因为那地方信息广泛，什么消息、什么人都有，听够了出去就可以吹牛。你不要看是北大学生就怕他，他虽然什么东西都知道一点，但其实大部分都是听来的。他虽然不求甚解，但他知道一点儿就比你高明。所以你们每个人底子打好了，然后就博览群书，知识有的是读来的，有的是听来的。人才是熏陶出来的，是不经意之间熏出来的，不是故意培养出来的。我做王瑶先生的学生，王先生从来不正儿八经给我们上课，就是把我们带到他客厅沙发上胡吹乱侃，王瑶先生喜欢抽烟斗，我们就是被王先生用烟斗熏出来的。我现在也是这么带学生，我想到什么问题了，就让学生到我家的客厅来聊天，在聊天中让学生受益。真正的学习就是这样，一边老老实实、认认真真地把基本的经典读熟、读深、读透，一边博览群书，不求甚解，对什么都有兴趣，尽量开拓自己的视野。从这两方面努力，就打下了比较好的基础。如果你还有兴趣，那么就读研究生。硕士研究生就要进行专业的训练，博士生在专的基础上还要博。一个人的知识结构应该根据不同的人生阶段来设计，这是非常重要的一个问题。

现在的年轻人最大的毛病就是想把好事占全，样样都不肯损失

沉潜十年：最诚恳的希望

我还要讲一个问题，读书、学习是要有献身精神的。这些年大家都不谈献身了，但是根据我的体会你真正想读好书，想搞好研究，必须要有献身精神。我至今还记得王瑶先生在我刚刚入学做硕士研究生的时候对我说："钱理群，一进校你先给我算一个数学题：时间是个衡量，对于任何人，一天只有 24 小时，要牢牢地记住这个常识——你一天只有 24 小时。这 24 小时就看你如何支配，这方面花得多了，另一方面就有所损失。要有所得，必须有所

失，不能求全。"讲通俗点，天下好事不能一个人占了。现在的年轻人最大的毛病就是想把好事占全，样样都不肯损失。你要取得学习上的成功、研究上的成功，必须有大量的付出，时间、精力、体力、脑力，必须有所牺牲，少玩点甚至是少睡点觉，更没有时间来打扮自己。你打扮自己的时间多了，读书的时间就少了，这是一个非常简单的道理。怎么安排时间，我没有一个价值判断。你打扮自己、你整天玩，那也是一种人生追求，不能说读书一定就比玩好。不过你要想清楚，这边花得多那边就有损失，你打扮的时间、玩的时间多了，那就会影响读书。想多读书就不要过分想去玩、去打扮自己。这背后有一个如何处理物质和精神的关系的问题，既要物质的充分满足又要精神的充分满足，那是一种理论的说法，是一种理想状态的说法，或者从整个社会发展的合理角度说的，落实到个人是比较难实现的。

我认为落实到个人物质首先是第一的，所以鲁迅先生说："一要生存，二要温饱，三要发展。"他说得很清楚，生存、温饱是物质方面的，发展是精神方面的。在物质生活没有基本保证之前是谈不上精神的发展的。过去我们有一种说法就是要安贫乐道，这是一种骗人的东西，千万不要上当。要你安贫乐道的人自己在那里挥霍，我们不能安贫，我们基本的物质要求要满足，要理直气壮地维护自己的物质利益。

但是你基本的物质权利得到保证了，比如你已经有助学金了，你已经基本吃饱了，你有教室，有宿舍让你住下来了，基本的生活条件已经有了，那各位同学就应该考虑如何设计、安排自己今后的一生，并为此做好准备。如果你一门心思去追求物质也可以，但你就不要想精神方面要怎么样，不要喊"我痛苦啦！我痛苦啦!"有人在全心赚钱，同时又在想"我空虚"——你不要空虚，你就是要追求享乐那就这样做好了，不必要求全。将物质要求作为人生的主要追求，那你精神方面一定有损失，这是肯定的。

我对自己也有设计：第一，我的物质生活水平要在中等，最好要在中上水平。比方我需要有宽敞的书房，这不仅是一间书房的问题，这是一个精神空间的问题。我就希望有比较大一点的房子，这就与我的精神自由性联系在一起。但具备了这样一些基本的生存条件以后，就不能有过高的物质要求，因为我要求我的精神生活是第一流的。我不能同时要求精神是一流的，物质也是一流的，我不能跟大款比，那我心理永远不平衡。

所以我觉得同学们应该考虑好，如果你决心偏重于精神追求，在物质上就必须有牺牲，当然前提是基本物质要求有保证。在基本物质得到保证的基础上，你就不能拼命去追求那些东西了，这一方面你得看淡一点。有所得必有所失，这不是阿 Q 精神。面对大款我并不羡慕他们，但我也不鄙弃他们，他们有他们的价值，有他们的追求。只要你是诚实劳动得到你应该得到的东西，我尊敬你，但是我和你不一样，我追求的是精神。我讲的献身精神不是像过去讲的那样，什么物质也不要只是去献身，我不是这个意思。现在年轻人最大的毛病就是贪得无厌，什么都想得全，恨不得什么都是第一流的，稍有一点不满就牢骚满腹，我见过很多同学都有这种问题，这是不行的。这是你做的选择，有所得就有所失，有所失反过来才又会有所得。

另外在学习上，必须要潜下来，我一再跟学生说："要沉潜下来。"我有一个对我的研究生的讲话，这个讲话后来整理成一篇文章，题目就叫"沉潜十年"。"沉"就是沉静下来，"潜"就是潜入进去，潜到最深处，潜入生命的最深处，历史的最深处，学术的最深处。要沉潜，而且要十年，就是说要从长远的发展着眼，不要被一时一地的东西诱惑。我觉得很多大学生，包括北大的学生都面临很多诱惑。北大学生最大的问题就是诱惑太多，因为有北大的优势要赚钱非常容易。我想你们这里诱惑少一点，这是你们的优势。还有就是很容易受外界环境的影响，很多北大学生刚入学的时候非常兴奋，充满种种幻想。一年级的时候混混沌沌的，到了二三年级就觉得自己失去目标了，没意思了。看看周围同学不断有人去经商，去赚钱，羡慕得不得了；再看到有人玩得非常痛快，也羡慕得不得了，所以受环境的影响，变得越来越懒惰。现在大学生的致命弱点就是懒惰——北大有所谓"九三学社"的说法：早上九点起床，下午三点起床，受周围环境的影响，一门心思想赚钱，一门心思想这样那样。有的人非常热心地做社会工作，我不反对做社会工作，但有的人目的性极强，过早地把精力分散了，就无法沉下来，缺少长远的眼光，追求一时一地的成功。

同学们要记住,你现在是人生的准备阶段,还不是参与现实,还不是赚钱的时候。当然你做勤工俭学是必要的,也是应该提倡的,但是你不能在大学期间只忙于赚钱,要不然以后你会后悔的。因为你一生之中只有这四年是独立自由的,只有权利而没有义务的,赚钱以后有的是时间赚,从政以后有的是时间搞。这四年你不抓紧时间,不好好读书,受种种诱惑,图一时之利,放弃了长远的追求,底子打不好,以后是要吃大亏的,会悔之莫及的。

　　我跟我的学生谈得非常坦率,我说:我们讲功利的话,不讲大道理。在我们中国这个社会有三种人混得好。第一种人,家里有背景,他可以不好好读书。但他也有危险,当背景出了问题,就不行了。最后一切还得靠自己。第二种人,就是没有道德原则的人,为达到目的,无论红道、黑道还是黄道,他都干。但对于受过教育的人,毫无道德原则的什么事都干,应该是于心不甘的吧。第三种能站住的人就是有真本领的人,社会需要,公司需要,学校也需要。所以既没"好"爸爸,又有良心有自己道德底线的人,只有一条路——就是有真本事。真本事不是靠一时一地地混一混,而是要把自己的基础打扎实。今后的社会是一个竞争极其激烈的社会,是一个发展极其迅速的社会。在这种发展迅速、变化极

快、知识更新极快的社会，你要不断地变动自己的工作，这就靠你们的真本事。

大家要从自己一生发展的长远考虑，就是讲功利也要讲长远的功利，不能从短时的功利考虑。我们不必回避功利，人活着自然会有功利的问题。大家应该抓好自己的这四年时间，把自己的底子打好。这样，你才会适应这个迅疾万变的社会。"沉潜十年"就是这个意思。现在不要急着去表现自己，急忙去参与各种事。沉下来，十年后你再听我说话，这才是好汉！因此，你必须有定力，不管周围怎么样，不管同寝室的人怎么样，人各有志，不管别人怎么做生意，不管别人在干什么，你自己心里有数——我就是要扎扎实实地把底子打好。要着眼于自己的长远发展，着眼于自己的，也是国家、民族的长远利益，扎扎实实，不为周围环境所动，埋头读书，思考人生、中国以及世界的根本问题，就这样沉潜十年。从整个国家来说，也需要这样一代人。我把希望寄托在十年后发表自己意见的那一批人身上，我关注他们，或许他们才真正决定中国的未来。中国的希望在这一批人身上，而不在现在表演得很起劲的一些人，那是昙花一现！沉潜十年，这是我对大家最大、最诚恳的希望。

在沉潜的过程中，还有一个问题要注意。读书特别是读经典著作的时候，会面临两个难关：第一，面对经典你进不进得去。你读《庄子》、《论语》、《楚辞》、《诗经》，甚至读鲁迅，都有这个问题。所谓进不进得去是讲两个障碍，第一就是文字关。现在中文系许多学生古文都读不通

我把希望寄托在十年后发表自己意见的那一批人身上，我关注他们，或许他们才真正决定中国的未来

了，标点都不会点了，那你还谈什么进去，这就是文字关。还有更难的，中国的文化是讲感悟、讲缘分的。你读得滚瓜烂熟却不一定悟得到，找不到它的底蕴，体会不到它的神韵，也就无缘。有的人就是把《论语》、《孟子》都背下来了，但你听他讲起来还是隔的，所以很难进去。进去以后更难的就是出来的问题，因为东西方传统文化都可以用四个字来概括——博大精深。在你没读懂的时候你可以对它指指点点，你读得越懂就越佩服它，佩服得五体投地。这样，你就被它俘虏了，跳不出来了；这样，你就失去了自我，还不如不进去的好。

我现在就面临这个问题。有人问我："钱先生，您和鲁迅是什么关系？"我说了三句话：第一，我敢说我进去了。进去很不简单啊，这是很高的自我评价。第二，我部分地跳出来了。第三，没有根本地跳出来。所以有人说"钱理群走在鲁迅的阴影下"。不是我不想跳，我当然想能跳出来超越鲁迅，能成为鲁迅的对手——那是什么境界啊！所有的学者都向往这样一个境界。在这个问题上，如果没有足够的文学力量，没有足够的思想力量，没有足够的创造力和想象力，是跳不出来的。在某种意义上，你失去了自我，所以这是更难的一点。记得当年闻一多先生去世的时候，郭沫若对他的一个评价："闻先生终于进去了！但是闻先生刚刚出来的时候就被国民党杀害了。这是'千古文章未尽才'。"

我们讲"沉潜"也面临这个问题：你怎么"进去"又怎么"出来"。这是非常困难的，大家对这样的前景要有充分的认识，不要把它简单化。否则你沉了一年又进不去，觉得很苦就退出来了。更不能"三分钟热度"，受到某种刺激，比如说今天听了我如此这般说了一番，兴奋了，明天就进图书馆了，进了几天，或者几个星期，或者遇到了"拦路虎"，啃不下去了；或者看到别人都玩得很痛快，觉得自己这么苦读，有点划不来，就不干了。这样不行，不能知难而退，要知难而进，不能半途而废，要坚持到底，"沉潜"就要有一种韧性精神。

鲁迅曾经谈到天津的"青皮"，也就是一些小无赖，给人搬行李，他要两块钱，你对他说这行李小，他还说要两块，对他说道路近，他还是咬死说要两块，你说不要搬了，他说也仍然要两块。鲁迅说："青皮固然是不足为法的，而那韧性却大可以佩服。"就是你认准一个目标，比如说我要沉下来读书，那就死咬住不放，无论出现什么情况，无论遇到多少挫折、失败，都不动摇，不达目的绝不罢休。这叫认死理，拼死劲——听说山东汉子、江西老表就有这样的传统，你们的父老乡亲中就有这样的人，在我看来，要干成一件事，要干出个模样，就得有这样的精神，有这股劲头。这看起来有点傻，但需要的就是这样的傻劲，而现在的人都太聪明了，但不要忘了我们中国有句老话，叫作"聪明反被聪明误"。我看到某些聪明人，特别是年轻的聪明人，常常会有这样的杞人之忧。当然，我也没有意思要将沉下来读书、思考这样的选择绝对化、神圣化，好像非得如此不可。我希望大家沉潜十年，不是说不沉潜十年这个学生就不行了，人各有志，是不必也不能强求的。但你如果有志于此，那我就希望你沉潜十年，你实在沉潜不了，那也就罢了，但是你得找到适合你自己的事去做，找到适合你自己的生存方式。

读书之乐：以婴儿的眼睛去发现

话又说回来，读书是不是就只是苦呢？如果只是一件非常苦的事情，那我在这里号召大家吃苦我就是不讲道德了。世上真正的学术，特别是具有创造性的学术研究是非常愉快的。现在我讲学术的另外一个方面。这话要从我读中学时说起。

我读中学的时候是一个非常好的学生，很受老师宠爱，品学兼优。我高中毕业的时候，语文老师劝我学文学，数学老师劝我学数学，当然后来我学了文学。高考时用今天的话说"非常牛"，所以我报考了取分最高的北京大学中文系新闻专业。我高中毕业的时候学校让我向全校的同学介绍学习经验，讲一讲为什么学习成绩这么好。我是南师大附中的学生，我的经验现在在南师大附中还很有影响，我们学校的同学老师到现在还记得我的经验。我也向大家介绍一下，我说，"学习好的关键原因是要有兴趣，要把每一课当作精神享受，当作精神探险。我每次上课之前都怀着很大期待感、好奇心：这一堂课老师会带着我们去发现一个什么样的新大陆？我上课之前都作预习，比如今天讲语文我会先看一遍，然后带着问题去听课，怀着一种好奇心去学习"。这一点其实说到了学习的本质。

你在发现对象的同时也在发现自己，这是一种双重发现——既是对未知世界的发现，更是一种对自我的发现

学习的动力就是一种对未知世界的好奇，当时只是一个中学生朦胧的直感，后来才体会到这背后有很深的哲理。作为人的我和周围的世界是一种认知的关系。世界是无限丰富的，我已经掌握的知识是有限的，还有无数的未知世界在等着我去了解。而我自己认识世界的能力既是有限的又是无限的。基于这样一种生命个体和你周围世界的认知关系，就产生了对未知世界的期待和好奇，只有这种期待和好奇才能产生学习探险的热忱和冲动。这种好奇心是一切创造性的学习研究的原动力。带着好奇心去读书去探索未知世界，你就会有自己的发现。读一本书、一篇小说，不同的人对它有不同的发现。同样一篇小说十年前读，我有发现，到十年后读我仍然会有发现，这是一个不断发现的过程。为什么你能有这样的发现，别人做不了？显然是你内心所有的东西被激发了以后你才能有所发现。因此你在发现对象的同时也在发现自己，这是一种双重发现——既是对未知世界的发现，更是一种对自我的发现。我们用一句形象的话来说，当你读一篇好的小说的时候，你自己内在的美和作品的美都一起被发掘出来了，于是，你发现自己变得更加美好了，这就是学习的最终目的。

因为这样，对外在世界和对你内在世界的不断发现便给你带来难以言说的愉悦、满足感和充实感，所以就形成一个概念："学习和研究是一种快乐的劳动。"金岳霖先生说读书研究是为了好玩，就是说的这个意思。从本质上说，学习和研究是游戏，一种特殊游戏。它所带来的快乐是无穷无尽的。

书是常读常新的。我读鲁迅的书有无数次了，但是每一次阅读、每一次研究都有新的发现。这是一个永无止境的过程。这就有一个问题，你如何始终如一地保持这种学习、探索、发现的状态，从而获得永恒的快乐？很多同学是一个时期读书读得很快乐，有发现，但读得多了就没有新鲜感了，好像就这么回事。你得永远保持新鲜感和好奇心才能保持永远的快乐——这是会读书与不会读书，真读书与假读书的一个考验。这里的关键，就是我的老师林庚先生说的，"要像婴儿一样，睁大好奇的眼睛来看世界，发现世界新的美"。所谓婴儿的眼光就是第一次看世界的眼光和心态，这样才能不断产生新奇感。你读鲁迅的作品，打开《狂人日记》，不管你研究多少回了，都要用第一次读《狂人日记》的心态，以婴儿的好奇心去看，这样才能看出新意。我想起美国作家梭罗在他的《瓦尔登湖》里提出的一个很深刻的概念："黎明的感觉"。每天一夜醒来，一切都成为过去，然后有一个新的开始，用黎明的感觉来重新感觉这个世界，重看周围的世界都是新的。黎明的感觉，就是我们中国古代所说的"苟日新，日日新，又日新"。每一天都是新的，这时你就会不断地有新的发现，新的感觉，有新的生命诞生的感觉。我想向同学们提一个建议：你们每天早晨，从宿舍到教室看够了学校的一切。明天早晨起来，你试试用第一次看周围世界的眼光，骑自行车走过学校的林荫大道，再看看周围的人、周围的树，你就会有新的发现。重新观察一切，重新感受一切，重新发现一切，使你自己进入生命的新生状态，一种婴儿状态，长期保持下去，就会有一颗赤子之心。人类一切具有创造性的大科学家，其实都是赤子。

今天讲"大学之大"，"大"在哪里？就在于它有一批大学者。大学者"大"在哪里？就在于他们有一颗赤子之心，因而具有无穷的创造力。刚才讲的金岳霖先生，他天真无邪，充满了对自己所做事业的情感，而且是真性情，保持小孩子的纯真无邪、好奇和新鲜感。这样才能够有无穷无尽的创造力。这就是所谓"星斗其文，赤子其人"——他们有星斗般的文章，又有赤子之心。

说到真性情，我想稍微作一点点发挥。一个真正的学者、知识分子，他都有真性情，古往今来皆如此。中国古代的知识分子，孔子、庄子、屈原、陶渊明、苏轼哪一个不是有真性情的人！鲁迅也有真性情。而今天保留真性情的人越来越少了。我们必须面对这个现实。

鲁迅说过：中国是一个文字的游戏国，中国多是些做戏的虚无党。今天的中国知识分子，今天的中国年轻一代，也可能包括大学生，连我自己在内都在做游戏，游戏人生。而且这戏必须做下去，而且如果谁破坏了游戏规则就会受到谴责，为社会所不容。所以我经常感觉到，现在我们面临全民族的大表演。我进而想起鲁迅的一句格言："世上如果还有真要活下去的人们，就先该敢说、敢笑、敢哭、敢怒、敢骂、敢打。""敢"其实是和"真"联系在一起，在"敢"之外还应真说、真笑、真哭、真怒、真骂、真打。可怕的是"假说"、"假笑"、"假哭"，甚至"骂"和"打"也是"假骂"、"假打"，仅仅是一种骗人喝彩的表演。我们现在缺少的是真实的深刻的痛苦，真实的深刻的欢乐。所有这些归根到底还是怎么做个真性情的人的问题。

大学之所以"大"，就在于它聚集了一些真性情的人。本来年轻的时候就是真性情的时代，人到老了，总要世故的。最真实的时候就是青年时代，就是在座的各位，如果这时你也没有真性情，那就完了。我现在发现，年轻人比我世故得多，我成了"老天真"了。人家经常说："钱老师，你真天真！"这是季节的颠倒！你们才是该天真，我应该世故！

两层理想：永远活出生命的诗意与尊严

要保持赤子之心很难，怎么能够一辈子保持赤子之心？这是人生最大的难题。

在这方面我想谈谈我个人的经验，因为在座的还有一些将要毕业的同学，我想讲点当年我大学毕业后的遭遇以及我是如何面对的，这可能对在座的即将毕业的同学有点意义。大家一步入社会就会发现社会比学校复杂千百万倍，大学期间是一个做梦的季节，而社会非常现实。人生道路绝对是坎坷的，会遇到很多外在的黑暗，更可怕的是这些外在的黑暗都会转化为内在的黑暗、内心的黑暗。外在压力大了以后，你就会觉得绝望，觉得人生无意义，这就是内在的黑暗。所以你要不断面对并战胜这两方面的黑暗，就必须唤醒你内心的光明。我为什么前面强调打好底

人生道路绝对是坎坷的，会遇到很多外在的黑暗，更可怕的是这些外在的黑暗都会转化为内在的黑暗、内心的黑暗。……你要不断面对并战胜这两方面的黑暗，就必须唤醒你内心的光明

子？如果你在大学期间没有打好光明的底子，当你遇到外在黑暗和内在黑暗的时候，你心里的光明唤不出来，那你就会被黑暗压垮，或者和它同流合污，很多人都走这个路子。你要做到不被压垮，不同流合污，在大学里要打好光明的底子，无论是知识底子还是精神底子，内心要有一个光明的底子。我自己每当遇到外在压力的时候，总是为自己设计一些富有创造性的工作，全身心地投入进去，在这一过程中抵御外在和内在的黑暗。压力越大，书读得越多，东西写得越多，我每一次的精神危机都是这样度过的。

我经常讲，我们对大环境无能为力，但我们是可以自己创造小环境的。我一直相信梭罗的话：人类无疑是有力量来有意识地提高自己的生命的质量的，人是可以使自己生活得诗意而又神圣的。

这句话听起来可能比较抽象，我讲具体一点。我大学毕业以后由于家庭出身，由于我一贯自觉地走"白专"道路，所以尽管我毕业成绩非常好，但是就不准许我读研究生。他们说："钱理群，你书读得还不够吗？正是因为书读得多，你越来越愚蠢。再读书，你要变修正主义了。你的任务是到底层去工作。"所以大学毕业以后我被分到贵州安顺，现在看是旅游胜地了，当时是很荒凉的。你想我是在北京、南京这种大城市长大的，我一下子到了一个很边远的底层，又正遇上饥饿的时代，饭都吃不饱。我被分到贵州安顺的一个卫生学校教语文。我印象很深，一进课堂就看到讲台前面放了一个大骷髅头标本。卫生学校的学生对语文课程根本不重视，我讲课没人听。对我来说，这是遇到了生活的困境，是一个挫折、一个坎坷。话说回来，这对当地人来说不是坎坷，他们都那样活下去了，但从我的角度来说，是一个坎坷。我当时想考研究生，想跳出来，人家不让我考。这个时候怎么办？我面临一个如何坚持自己理想的考验。

我就想起了中国古代的一个成语：狡兔三窟。我给自己先设了两窟，我把自己的理想分成两个层面：一个层面是现实的理想，就是现实条件已经具备，只要我努力就能实现的目标。当时我分析，自己到这里教书虽然对我来说是一个坎坷，但是毕竟还让我教书，没有禁止我教书，所以我当时给自己定了一个目标：我要成为这个学校最受学生欢迎的老师，而且进一步，我还希望成为这个地区最受学生欢迎的老师。我把这个作为自己的现实目标，因为让我上课，就给了我努力的余地。于是我走到学生中去，搬到学生的宿舍里，和学生同吃同住同劳动，和学生一起踢足球，爬山，读书，一起写东西。在这个过程中，我从我的学生身上发现了内心的美。

我全身心投入给学生上课，课上得非常好，我就得到一种满足。人总要有一种成功感，如果没有成功感，就很难坚持。我当时一心一意想考研究生，但是不让考，所以我从现实当中，从学生那里得到了回报，我觉得我的生命很有价值，很有意义，也很有诗意。我还写了无数的诗，红色的本子写红色的诗，绿色的本子写绿色的诗。我去发现贵州大自然的美，一大早我就跑到学校对面的山上去，

> 我还写了无数的诗，红色的本子写红色的诗，绿色的本子写绿色的诗

去迎接黎明的曙光，一边吟诗，一边画画。为了体验山区月夜的美，我半夜里跑到水库来画。下雨了，我就跑到雨地里，打开画纸，让雨滴下，颜料流泻，我画的画完全像儿童画，是儿童感觉。我坚持用婴儿的眼睛去看贵州大自然，所以还是保持赤子之心，能够发现人类的美、孩子的美、学生的美、自然的美。虽然是非常艰难的，饭也吃不饱，但是有这个东西，我度过了难关，我仍然生活得诗意而神圣。

也许旁边人看见我感觉并不神圣，但是我感觉神圣就行了，在这最困难的时期，饥饿的年代，"文革"的年代，我活得诗意而神圣。我后来果然成为这个学校最好的老师，慢慢地在地区也很有名，我的周围团结了一大批年轻人，一直到今天，我还和他们保持联系，那里成了我的一个精神基地。

但另一方面，仅有这一目标，人很容易满足，还得有一个理想的目标。理想目标就是现实条件还不具备，需要长期的等待和努力准备才能实现的目标。我当时下定决心：我要考研究生，要研究鲁迅，要走到北大的讲台上去向年轻人讲我的鲁迅观。有这样一个努力目标，就使我一边和孩子们在一起，一边用大量的业余时间来读书，鲁迅的著作不知读了多少遍，还写了很多很多研究鲁迅的笔记、论文。"文革"结束以后，我拿了近一百万字的文章去报考北大。今天我之所以在鲁迅研究方面有一点成就，跟我在贵州安顺打基础很有关系。

但是这个等待是漫长的，我整整等了18年！我1960

年到贵州，21 岁，一直到 1978 年恢复高考，39 岁，才获得考研究生的机会。那一次机会对我来说是最后一次，是最后一班车，而且当我知道可以报考的时候，只剩下一个月的准备时间，准备的时候，连起码的书都没有。当时我并不知道北大中文系只招 6 个研究生，却有 800 人报考；如果知道了，我就不敢考了。在中国，一个人的成功不完全靠努力，更要靠机会，机会是稍纵即逝，能否抓住完全靠你，靠你原来准备得怎样。虽然说我只有一个月的准备时间，但从另一个角度说我准备了 18 年，我凭着 18 年的准备，在几乎不具备任何条件的情况下，仓促上阵。我考了，而且可以告诉大家，我考了第一名。

我终于实现了我的理想，到北大讲我的鲁迅。但是话又说回来，如果我当初没有抓住机会，没有考取北大的研究生，我可能还在贵州安顺或者贵阳教语文，但我仍不会后悔。如果在中学或是大学教语文的话，我可能没有今天这样的发展，我有些方面得不到发挥，但是作为一个普通的教师，我还是能在教学工作中，就像几十年前一样获得我的乐趣，获得我的价值。

我觉得我的经验可能对在座朋友有一点启示，就是你必须给自己设置两个目标，一个是现实目标，没有现实目标，只是空想，你不可能坚持下来。只有在现实目标的实现过程中，你不断有成功感，觉得你的生活有价值，然后你才能坚持下去；反过来讲，你只有现实目标，没有理想目标，你很可能就会满足现状，等机会来的时候，你就抓不住这个机会。人总是希望不断往上走的，所以我觉得人

一个人的选择是重要的，更可贵的是有坚持下来的恒心，有定力

应该有现实目标和理想目标这样两个目标，而且必须有坚持的精神。

你想对于我，18年是一个什么概念，是我21岁到39岁这18年。所以一个人的选择是重要的，更可贵的是有坚持下来的恒心，有定力。这18年有多少诱惑，多少压力，不管怎样，认定了就要这么做。你可以想见"文化大革命"那种干扰多大呀，不管这些干扰，你要认定我要这么做，认定了，坚持下来，你总会有一个机会。即使没有机会实现理想目标，你还有一个可以实现的现实目标。大家可以体会到，在中国的现实下，人掌握自己命运的能力很小，但并不是毫无可为的，人是可以掌握自己命运的，至少可以在一定程度上，在小环境里掌握自己的命运，也就是我刚才所说的，人是可以使自己在任何条件下都生活得诗意而神圣的。

我就是把这样的经验带到我进入北大之后的几十年生命历程之中。在这以后几十年中，我的生活仍然有高峰，有低谷，有时候是难以想象的压力，身心交瘁，内外交困，但是我始终给自己设置大大小小的目标。一个人的生命、生活必须有目标感。只有大目标、大理想是不行的，要善于把自己的大理想、大目标、大抱负转化为具体的、小的、可以操作的、可以实现的目标。我把读一本书、写一篇文章、编一本书、策划一次旅游或者到这来演讲这样的一件一件事情作为具体的目标，每一次都带着一种期待、一种想象，怀着一种激情、冲动，全身心地投入其中、陶醉其中，用婴儿的眼光重新发现，把这看作是生命

一个人的生命、生活必须有目标感。只有大目标、大理想是不行的，要善于把自己的大理想、大目标、大抱负转化为具体的、小的、可以操作的、可以实现的目标

新的开端、新的创造，从中获得诗的感觉。

我每一次上课都非常紧张——包括这一次上课。因为我要面对新的对象，虽然我讲的内容有讲稿，但是诸位是陌生的对象，我就很紧张。我这一套东西年轻人能不能接受？烟台大学（江西师范大学）的学生能不能接受？我是你们的爷爷辈，爷爷和孙子之间能对话吗？而且还是我所不熟悉的，一个远方城市的孙子辈，能够听懂我的话吗？我在北京就开始准备，昨天晚上还在准备，一直到今天，我看了好几遍讲稿，反复琢磨，有一种新鲜感、一种

期待感。现在从现场反应看来大家接受了我，我就有一种满足感。有些内容可能是重复的，但是在我讲来却充满激情，因为我有新鲜感，有一种创造感。尽管这是一次普通的演讲，但它是一次新的创造，是一种新的发现，包括对诸位的发现，也是对我自己内心的发现。而且我追求生命的强度，要全身心地投入。大家看我的演讲的风格就是全身心地投入。我曾经给北大的学生有一个题词："要读书就玩命地读，要玩就拼命地玩。"无论是玩还是读书都要全身心地投入，把整个生命投入进去。这样才使你的生命

达到酣畅淋漓的状态，这是我所向往的。

大学之大，在于开创一个大生命境界

在我结束演讲的时候，送给大家八个字：沉潜、创造、酣畅、自由。这也是我对演讲的主题——"大学之大"的理解。我觉得"大学之为大"，就在于首先它有一个广阔的生存空间。然后更主要的是有大的精神空间，所以刚才强调读书要广、要博就是要有一个大的精神空间。所谓大学就是在这样一个大的生存空间和精神空间里面，活跃着这样一批沉潜的生命、创造的生命、酣畅的生命和自由的生命。以这样的生命状态作底，在将来就可能为自己创造一个大生命，这样的人多了，就有可能为我们的国家，我们的民族，以至为整个世界，开创出一个大的生命境界：这就是"大学之为大"。谢谢大家！

> 在我结束演讲的时候，送给大家八个字：沉潜、创造、酣畅、自由

🔹 2004 年 11 月整理，2008 年 3 月 12 日再整理，有删节。

钱理群

　　我的老师王瑶先生甚至要求我们：每一篇重要的论文、著作都要做到别人再做同样或类似的课题，都绕不开你，非要参考你的文章不可，因为它代表了一个阶段、一个时期的研究的最新水平。这都是在要求研究的创造性。

关于研究生教育的思考

1998 年 9 月，在北京大学的一次讲演

目前中国的研究生教育存在着许多问题，私下的议论不少，一时也说不清楚。这里只说我最感兴趣的起点、原点问题：培养研究生的目的是什么？

"通"——"专"——"博"：专业人才的培养过程

最现成的回答自然是：培养国家所需要的专门人才。这话看来无错。我曾说，大学阶段是培养"通才"的，学生在学好公共基础知识（中外语言、数学与哲学）与专业基础知识，掌握相应的学习与思考的方法的同时，应尽可

能地扩大自己的知识面，知道得越多越好，但不求精通，即所谓"好读书而不求甚解"。到了硕士生阶段，才真正进入专业，这时候需要收缩读书的范围，以学习专业为主；但在专业范围内也仍应该"广"，比如学习中国现代文学专业的，不仅要读现代文学的著作，也要选读中国古

典文学、文艺理论方面的经典。一般说来，专业的基本训练应在硕士阶段完成。博士阶段的任务一是再进一步扩大知识面，为进入跨学科的领域作准备，这即是所谓"博"；同时应通过毕业论文的选题、研究和写作，找到自己的研究阵地、研究方向、研究领域，方法，出发点，等等，为在今后长期研究的过程中逐渐形成自己独特的研究个性奠定基础。——这由"通"到"专"再到"博"的发展阶段，大概也就是一个专业人才的培养过程吧。

培养创造型专业人才

但我们的讨论还要再深入一步：所要培养的是什么样的专业人才，是操作型的，还是创造型的？回答自然是后者，这似乎是一个不成问题的问题。但如果联系实际培养

过程，恐怕就没有这样简单了。

比如，在专业学习中，除了要阅读大量的专业典籍，还必然要接触古今中外的有关研究成果，总之要读许多的书。但书读多了也有危险，如果把自己的头脑当作贮藏器，把各样的知识，有用、无用的，通通装进去，结果是让别人的野马践踏得一塌糊涂，连自己原有的一点聪明才智也被挤掉了。这样培养出来的人才表面上也很能唬人，甚至把自己也唬住了，因为会显得很博学，写起文章来总是旁征博引，头头是道，任何一个题目到了他手中，都会很自然地纳入某一现成的、中国的或者外国的理论体系，自己也很容易编制出某种框架，但内行人一看就知道：这是他人的，没有自己的，缺乏原创性的。结果就变成了他人的奴隶，书的奴隶。

当然，大多数的研究都是接着他人往下讲的，不可能每一个题目都是自己的首创；但前人的研究只是你的研究的基础，往下讲的必须是自己的东西，你的独立发现。继承与拿来都不能代替创造，前者是必要前提条件，后者才是目的。衡量学术论文、著作的价值并不在于篇幅有多大，引证的材料有多少，而是看对已有的研究有没有新的推动，是否提出了自己的新的见解。我的老师王瑶先生甚至要求我们：每一篇重要的论文、著作都要做到别人再做同样或类似的课题，都绕不开你，非要参考你的文章不可，因为它代表了一个阶段、一个时期的研究的最新水平。

这都是在要求研究的创造性。这正是研究者与教师的

> 前人的研究只是你的研究的基础，往下讲的必须是自己的东西，你的独立发现

不同之处：教师的主要任务是传递知识，他的创造性体现在对他人的创造的领悟、整理、发挥，结合接受对象的需要进行改造；而研究者所要完成的是新知识的创造，为社会提供新的思维，新的想象力。我们如此强调研究的原创性，其实是研究者、学者的职业特点所要求的。因此，研究生作为未来的学者的读书，只能以开发自我的智能为目的：或吸收了别人的智慧创造，使自己变得更加丰富；或借他人创造的冲击力，使自己潜在的智能得以激发。如果不是这样，读书读成了"书橱"，让书把自己的思维空间压扁，压死，失去了创造的新鲜感，创造的兴味与冲动，那就无异于南辕北辙，走岔了路。

还有，培养研究生，就必得要进行学术规范的教育与训练，使他懂得"规矩"，所谓无规矩不成方圆，所谓学术规范，不仅是指论文形式上的书写规范，恐怕也不是为了与国际学术界"接轨"，而是基本的学术思维、方法，以及操作技术技能的基本训练，这当然是完全必要的，有没有经过正规训练，是大不一样的。但这里也同样存在着一种危险：如果把规范强调到极端，不能自觉地以非规范（对规范的突破与超越）相制约，甚至把规范庸俗化，变成纯技术性的条文要求，那也同样会扼杀学生的创造活力，甚至会产生一种误解，仿佛学术就是某种技术操作，以熟练的学术操练代替创造性的研究。而学术研究技术化的危险更在于，会最终导致学术研究与学者自身的工具化。学术研究完全为了满足学术市场的需要，成为纯粹谋生的手段。于是出现了学术写作（实际上已谈不上研究）

学术研究技术化的危险更在于，会最终导致学术研究与学者自身的工具化与学者信念的分离：研究者根本不相信自己所写的东西，只是为了"卖"得出去，达到个人名利的目的。这样的失去了精神的"学者"，还有更大量的精神力量不足的"学者"，都是背离了我们的培养目标的精神次品或废品。

把精神境界提到一个新的高度

这就终于说到了我们一开始就提出的研究生的培养目标这样一个前提性的原点问题。经过以上的讨论，大概已不难看出，"培养专门技术、学术人才"这样的提法是有道理的，却是、至少是不全面的。在此之上，还有一个更根本性的目的：要把学生培养成更加健全的人。这本是一切教育的共同目的，研究生教育也不能例外，而且还有它的特殊意义。

我在和同学的交谈、演讲中，多次谈到，人的成长，与自然界生物的生长、发育，都有一个自然的秩序，人生的什么阶段该做什么事，是不能随意颠倒，提前与推后的。在我看来，儿童时代唯一的任务就是玩，小学、中学、大学的阶段主要是求知识，求友谊，大学或许还可以加上一个：求爱情——当然，大学生阶段，就应该关心与思考社会、人生、世界、宇宙……的更大更严肃的问题，同时更要思考自我对社会的责任，寻找属于自己的生命之路。但我们通常所说的人的世界观、人生观，以至人的信仰的形成，大体应是在研究生阶段（或相当于研究生的阶段）的任务。这一时期关于世界观、人生观，以至信仰的

> 这一时期的专业学习与阅读，就不仅仅是纯知识的，而是一个人生信仰、信念的寻找、形成的过程

追求与确立，都是与专业的学习与选择紧密联系在一起的，它是更为实在、具体、可实现的；从另一面看，这一时期的专业学习与阅读，就不仅仅是纯知识的，而是一个人生信仰、信念的寻找、形成的过程。

这样，我们前面所提到的研究生阶段的大量阅读，就不仅仅是为了学习专业知识、扩大知识面，更是人的精神自由空间的不断开拓，用我的习惯的说法，就是打破时空限制，与百千年之隔、千万里之遥的中外世界级的人类精神大师、巨匠进行精神的对话、心灵的交流、思想的撞击，从而使自己的精神境界与生命都得到升华。

我国研究生的学习，与中小学、大学的教育的一个重大区别，就是采取导师私人讲授的方式，这显然是继承了中国的书院传统的。这样的教育的最大特点与优势，就是师生之间，不仅是知识的传授，更是精神的传递、人格的熏陶。朋友们经常开玩笑说，研究生教育不是在课堂上正经讲课完成的，而是在教授的客厅里，听他海阔天空的闲聊中结业的，这是有道理的。这也就说明了，研究生的培养的关键，还是在"教人"，即使是专业知识的传授也是为了培育人。

研究生教育还有一个重要环节，却是容易为人们所忽略的，即研究生群体的相互影响。这个群体无论是相同、相似专业或不同专业之间的交流与撞击，都会同样扩大与丰富每一个研究生个体的精神空间。

可见，研究生学习的每一个环节——导师的传授，同学间的交流，自己的独立学习，都是指向同一个目标的，

研究生教育不是在课堂上正经讲课完成的，而是在教授的客厅里，听他海阔天空的闲聊中结业的

即提高人的精神境界。正是在这个意义上，我曾经提出，研究生的培养，主要是把学生的精神境界（包括人的信仰、信念、文化教养、精神素质、人格、情操、审美趣味，等等）提到一个新的高度，即使学生毕业以后，不从事专业工作，在任何岗位上都会显示出别一种精神风貌与状态。所以关键还是人的培养，人的精神的培育。

这当然不是说可以忽略专业的训练。事实上，人的精神的培育与专业训练是不可分割的：离开了专业的学习与训练，是谈不上人的精神的培育的；反过来，专业的训练，不仅是要向学生传授基本的专业知识与研究方法，包括学术规范，使学生具有坚实、深厚的专业知识，更重要的是要着力于学生智慧、能力的开发。作为文学专业的研究生，在我看来，最重要的，就是艺术的感觉、感受、感悟力，思想的、理论的穿透力，以及想象力。

有一种误解，以为文学研究主要是史料的发掘、整理与理论的分析，似乎无须艺术的感悟，而想象力甚至是与学术要求的严谨性对立的。这正是我所不能同意的。在我看来，文学的研究当然不同于创作，它必须以翔实的史料作为基础与出发点，对理论思维能力有着严格的要求，缺乏思想的穿透力，不能对复杂的文学现象进行科学的理论提升，至今还是许多研究生与研究人员致命的弱点；但文学研究又与文学创作有着本质的相通，它不允许虚构，但研究思维同样要求感觉、感悟、想象、顿悟与灵感，这是一个重要而复杂的问题，以后有机会还可以作更详细的讨论。

> 研究生的培养，主要是把学生的精神境界提到一个新的高度

　　总之，我们要培养与开发的是学生创造性的思维、开拓的精神与思想的飞腾力。

研究生的挑选和淘汰机制

　　我在这里与前文中都一再地使用"开发"这个词，这是因为，创造性不可能是外加的，它必须是内在的，导师的作用仅仅在于启发学生将他自己潜在的智慧、创造力、想象力诱发出来，充分地发挥出来，在不断地学习、训练、实践过程中，不断充实、完善、发展。从这一点上说，并不是所有的人都适合于作研究工作，都能成为研究生的培养对象，这是需要一种特殊的才华的，并且不是、不全是靠勤奋就能弥补的，而且研究的水平越高，才华的作用就越重要。因此，在研究生的培养中，是存在着一个对象的选择与淘汰的问题的。对这一点，我们不必回避。现在的问题是，无论是研究生的挑选还是淘汰，都缺乏健全的机制，行政的非学术的干预太多，这又涉及教育体制的根本问题，不说也罢。

最重要的是创造性思维的培育

　　还是回到对学生的创造性思维的培育上来。我以为这是当前中国研究生教育中，一个带有根本性的问题：我们的教育体制，包括研究生的录取、考查、分配等等，教育观念、教学方法诸多方面，常常不是鼓励、保护、开发、培育学生的创造性，而是有意无意地伤害、压抑乃至扼杀学生的创造活力，以致现在我们越来越不容易招到最有创造潜力的学生，我们的生源越来越平庸化，这当然也还有更为复杂的原因。我们的论文答辩，或者过于马虎，成为走过场，让那些抄抄剪剪、空空洞洞、毫无创意的"论文"很容易地就蒙混过关，这实际上是对那些真正下了工夫的学生的创造性研究的一种压抑。而在另外一些情况下

（当然不是全部），对学生看似严格，其实是严格要求学生按照主持答辩者自己的学术模式去进行论文的写作，学生从写作论文的一开始，就在战战兢兢地揣摩"考官"的学术路子，投其

所好，以保证顺利通过。修改论文时，更是把有可能引起争议的有锋芒有棱角的文字删除以尽，这样的保险系数很大的论文，大多为平庸之作，谈不上什么创造性。在这样的答辩的导向下，学生逐渐学会了写新的学术八股的文章，从表面上看，所谓正规学术论文中应有的东西，从材料到观点，到引文、注释，甚至到论证，等等，都很齐

备，但就是没有多少创意、新意，原有的一点灵气都被规范掉了。我曾经发牢骚说，我现在最不愿意看的是博士的论文，其次是硕士的，还不如读本科学生的最出色的读书报告，那里至少还有些新鲜的气息，有自己的东西，越是经过专业训练，反而不会写文章了。这当然是极而言之，有些以偏概全也说不定，但学生创造活力的减弱，却是不争的事实。这样，就从根本上违背了我们培养研究生的宗旨，如本文一开头所说，教育的前提出了问题。

如何对待"特别"学生

最后，还要说一点，如何对待"特别"的学生的问题。这样的学生，常常有一些以寻常的眼光看来是比较"怪"的想法，他们的思维是反常规的，经常让导师大吃一惊。很显然，这样的学生，连同他们的古怪想法，是很容易被否认与抹杀的。但如果仔细分析，就会发现，他们的"怪念头"有的恰恰是极富创造性的，甚至是超前的；但同时又是与一些混乱不清的甚至是谬误的东西混杂在一起，一时难以区分。在这种情况下，作为导师，就有责任保护这样的学生的极其可贵的创造性，那些属于未来的创造的萌芽，同时也要指出其问题，加以引导——引导也是保护。这样做的前提，是导师要有自我质疑的精神，不能简单地认为，自己不懂的，不能理解与接受的，与自己不同的，就是错的，不好的。

作为导师，就有责任保护这样的学生的极其可贵的创造性，那些属于未来的创造的萌芽，同时也要指出其问题，加以引导——引导也是保护

"教学相长"：研究生教育的魅力所在

这里还有一个更加实质性的问题：不仅学生的潜在的创造力需要在教学的过程中得到开发，而且导师自己的某些潜在的创造力，也有待于在教学过程中得到开发或激发。真正的富有创造性的教学活动，从来都是师生之间的相互影响、相互启发、相互发现与相互撞击，这就是古人所说的"教学相长"，这与发挥教师的主导作用是不矛盾的。我从来认为，也总是这样期待，培养研究生，绝不是导师单向的给予，它是一种双向的良性运动：导师与学生的智慧与创造活力，都得到了激活与发挥。这才是研究生教育的真正魅力所在。

1998 年 9 月 27 日整理，2008 年 3 月 13 日再整理。

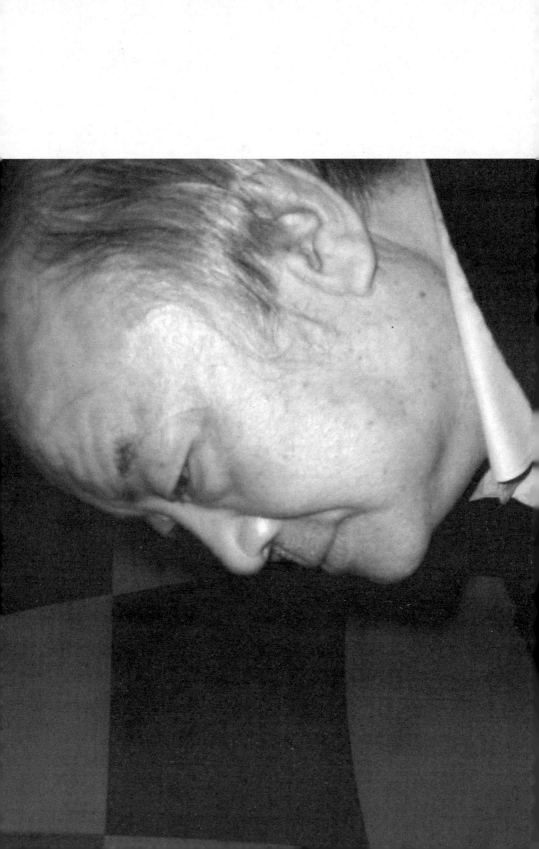

一定要沉静下来，即所谓板凳甘坐十年冷，着眼于长远的发展，打好做人的根基、学术的根基，而且要潜入下去，潜到自我生命的最深处，历史的最深处，学术的最深处。

沉潜十年

1998 年 10 月为北大中文系现代文学研究生，2004 年 9 月 24 日为徐州师范大学文学院研究生作的讲演

今天和诸位见面，我又想起了与在座的好几位同学的初次见面，当时大家都还在准备报考研究生，是到我这里来摸底的。记得我对所有的来访者都说这么一句话：如果你有别的出路，就不要来报考。这并非抵挡之词，而是我的心里话。因为现在实在不是人文学科大发展的时代——其中的原因我们不说也罢，但必须面对这一事实。这就决定了这支队伍只能是少而精的，不仅人员的研究素质要求要高，而且还要付出很多代价，作出许多牺牲，实际淘汰率也很高。因此没有必要让许多人都挤到这里：它不能提供年轻人都向往的广阔的天地，只是一条狭窄的通道。现

在，诸位不顾我的阻拦，实际是丑话在先，还是闯进来了，这说明大家是下定了决心，有备而来。而且既然已经来了，吃上或者准备吃上这碗"饭"，那么，就可以说另一番话，提出作为新一代的研究生，未来的，也就是我们所说的21世纪的人文学者，应该怎样要求自己，应作怎样的准备这样一些问题。我今天只宏观地谈一谈，具体的专业要求容以后再说，而且是采取闲谈的方式，想到哪里说到哪里吧。

鲁迅的经验

最近我在想着我们今天的某些处境的时候，突然想起了20世纪初辛亥革命以后的鲁迅。鲁迅说他原来是充满着希望的，但后来"看来看去就看得怀疑起来，于是失望，颓废得很了"。这其实也是能概括很多人的精神历程的。我曾经说过，20世纪东西方都制造了关于自己的社会制度与意识形态的"神话"，以为是拯救人类的灵丹妙药。那时候人们是满怀希望，充满信心的。但

到了世纪末，所有的"神话"都破产了，"东方世界革命中心论"与"西方中心论"都破灭了。于是几乎所有的人，东西方的知识分子都陷入了深刻的怀疑与失望中。于是产生了寻求新的出路的要求。因此，这是一个全球性的呼唤新的思想、新的想象力与创造力的时代。这也是你们这一代新的研究者在 21 世纪所要完成的历史使命。我在很多场合都反复谈过这个问题，这里就不多谈了。

今天我要和诸位着重讨论的是，处在旧的理想破灭、新的理想还未建立这样一个思想的苦闷时期，消极地说，怎样走出苦闷？积极方面，如何为新思想的创造做准备？——要做哪些方面的准备？如何去做准备？这些，都是一些现实的问题，说不定大家会更感兴趣。不过我所能谈的，仍然是鲁迅的经验，或者说是我对鲁迅经验的理解与发挥。大家姑妄听之吧。

鲁迅在辛亥革命以后，到 1918 年写出《狂人日记》成为"五四"新文化运动的一员大将，这期间有十年的沉默，我把它称之为"沉潜十年"。这"沉潜"两个字极为重要。在自我、时代的苦闷时期，人们最容易陷入浮躁，像无头的苍蝇四处乱撞，习惯于追逐时髦，急于出成果，热衷于炒作、包装等短期行为，因为缺乏定心力而摇摆多变，等等，这几乎已经成为近 20 年中国学术的积弊了。现在所需要的，正是其反面：一定要沉静下来，即所谓板凳甘坐十年冷，着眼于长远的发展，打好做人的根基、学术的根基，而且要潜入下去，潜到自我生命的最深处，历史的最深处，学术的最深处。作为具体的操作，鲁迅在这

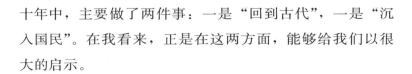

十年中，主要做了两件事：一是"回到古代"，一是"沉入国民"。在我看来，正是在这两方面，能够给我们以很大的启示。

"回到古代"："进得去"还要"出得来"

先说"回到古代"。按我的理解，这也就是"回到传统"。对于今天的年轻学者，这传统就不仅是指古代传统，恐怕也要包括近百年已经形成的现代传统（鲁迅本人就是这一现代传统的最主要的代表），而且"回到传统"与继续向东西方其他民族汲取思想资源，也是相辅相成的，等等，这些意见，是近年我反复论说的，这里也不再多说。这里着重要讨论的是"回到古代"。

不妨先把话题拉开，说说在你们之前的几代学者的知识结构。像我们这些 20 世纪五六十年代的知识分子，是在"批判封（建主义）、资（本主义）、修（正主义）"的文化背景下成长起来的，不仅因为不懂外文，对于西方文化了解甚少，对西方现代文化甚至处于无知状态，而且古文的根底也很差，对古代传统实际是不熟悉的。这些年虽有所弥补，但却不可能根本改变这样的知识结构上的先天不足。比我们年轻的，成长于 20 世纪七八十年代的，也是目前学术界最活跃的这一代学者，他们中除少数人古代文化的基础较好外，大多数也是在 80 年代先打下了"西学"的基础，到 80 年代末以后，才来补"中学"的课的。尽管他们以西学的背景（观念、方法，等等）去考察中国的传统文化，比较容易地就作出了种种分析与概括，有的甚至形成了某种体系，但就大多数而言，与中国传统文化总有某些"隔"：他们也未能根本改变古代文化传统修养不够深厚的先天的弱点。我们不是进化论的信徒，不能说你们这一代的古代文化造诣就注定了要超过前两代，如果不加注意，弄不好，很可能是"一代不如一代"。但你们毕竟还有时间，有可能来重打基础。如果下定决心，从现在开始——尽管也是晚了一些，"沉"下十年、二十年，从头读起，或许——至少说还有希望——会有一个根本性的改变。

我这里说的"从头读起"，就是从老老实实地、一本一本地读中国的原典开始，要抛开各种各样的分析、讲解，不要让别人的意见塞满你的头脑，而要尽可能地处于"真空"的状态，像婴儿第一次面对与发现世界一样，直接面对古代原典的白文，自己去感悟其内在的意义与神韵，发现其魅力。

请注意，我这里强调的是感悟，而不是分析。这是因为在我看来，中国的传统文化根本上是一种感悟的文化，而不同于偏于分析的西方文化。要真正进入中国古代传统文化，就必须以感悟为基础。我们中国传统的启蒙教育，发蒙时，老师不作任何讲解，就让学生大声朗读经文，在抑扬顿挫之中，就自然感悟了经文中的某种无法、也无须言说的神韵，然后再一遍一遍地背诵，把传统文化中的一些基本的观念像钉子一样地揳入学童几乎空白的脑子里，实际上就已经潜移默化地溶入了读书人的心灵深处。然后

如果不能感悟，
仍然进入不了传统文
化——能不能进入，
是要有缘分的

老师再稍作解释，就自然懂了，即使暂时不懂，已经牢记在心，随着年龄的增长，有了一定的阅历，是会不解自通的。这样的教育法，看似不科学，其实是真正从中国传统文化自身的特点出发的。我今天如此强调学习古代文化中的感悟，也是受到了上述传统教育方式的启发。也许我说得有些神秘，文字上读懂了（尽管这是个前提），如果不能感悟，仍然进入不了传统文化——能不能进入，是要有缘分的。

而且进入了也还有危险。这是因为中国的传统文化确实是博大精深，进入以后，很容易看得眼花缭乱，迷恋忘返，被其收摄，而失去了自我，成了古人的奴隶。这确实是地狱的门口：要么进不去，进去了却可能出不来。记得当年闻一多去世以后，郭沫若曾撰文高度赞扬闻先生的古典文学研究既"有目的地钻了进去，没有忘失目的地又钻了出来"；但他同时又十分惋惜地指出，闻先生刚刚钻了出来，正有资格"创造将来"的时候，就牺牲了，这是一个学者"千古文章未尽才"的悲剧。

在这方面，鲁迅或许也是一个榜样：他在十年沉潜以后，投入新文化运动时，人们不难看出，他确实已经"吃"透了中国的传统文化，同时又完整地保留了一个独立自主的自我，因此他在批判传统文化的弊端时，能够准确地抓住其要害——有的人虽然不赞同鲁迅对传统文化的激烈批判态度，但却不能不承认鲁迅的具体批评还是有道理的。同时鲁迅又是将中国传统文化的精华完全溶入了自己的内在精神之中，使其成为自己有机的组成部分，如盐之溶于水而不显痕迹。更重要的是，传统文化对于鲁迅仅是一个基础，一个起点，他更着重的是从传统出发，进行新的创造。尽管他并没有充分地展开这样的创造，这或许也是"千古文章未尽才"，但这新文化的创造之路确实是鲁迅所开创的。

今天我们在新的历史条件下重又"回到古代"时，是不能忘记"创造"这个更为根本的目的的，这里的关键仍然是既要进得去，又要出得来，这就需要有更强大的自我的独立、自由的精神力量，更活跃的思想创造力。我已经说过，我们这一代，甚至两代学人，是在中国的传统文化面前止了步的，现在就看你们这些更年轻的学人，是否能跨过这关键的一步：进去而又出来，深知、真知中国的传统文化，而又能做驾驭它的主人，进行更加自由的创造——这正是我首先期待于诸位的。

问题产生于现实，研究超越于现实

现在再说"沉入国民之中"。这个问题近年来似乎很少有人提，但我认为是极端重要的。不要忘了，我们是现代中国人，是现代中国的知识分子、学者，无论我们具体的研究领域是古代，还是现代，都不能离开中国的现实。我们当然不能像过去那样，对现实采取亦步亦趋的态度，更不能走以学术为现实具体政治、政策服务的老路，在这些方面，我们这一代有极其沉重的教训，现在也有人在竭力地鼓吹、鼓励走那样的老路，年轻一代应当警惕与拒绝这样的诱惑。但这并不等于我们不应该关怀现实，而要保持与普通老百姓的日常生活的有机联系。人们经常说，学术研究应该有问题意识，但这"问题"从哪里来，它只能来自于或立足于中国的本土的现实，对"现实"的理解应是宽泛的，不应狭隘地仅仅限于现实政治。对问题的学术性的解决，则有待于不带现实功利性与操作性的，有距离的，更带专业性的、学理性的，更为宏观，更加超越，也更带根本性的思考与研究。也就是说，问题是从现实出发的，而思考、研究的心态与视角，则是超越的。真正的学术研究正实现于二者的矛盾的张力之中，并随时都有可能落入陷阱：或过于贴近现实而缺少距离感；或脱离现实而失去了学术生命的活力。

"沉入国民之中"，了解中国基本国情

强调"沉入国民之中"，还因为在这历史的转折时期，在中国国民、普通老百姓的日常生活中，在中国人口密集的广大农村，也就是历史地平线的下面，一方面正在发生深刻的变化；另一面，也保持着某种不受外在时势变动影响的永恒的常态，如当年沈从文即已注意到的那样，中国普通国民中的"变"与"常"是最终决定中国未来的发展与命运的。我们已经说过，新一代的学者担负着为中国的发展提出新的思想、新的理想的历史使命；但新思想、新理想的提出，是不能脱离，甚至是要仰仗于对由上述"变"与"常"所决定的中国基本国情的深刻了解的。否

则我们的"创造"就会成为"无根之木"。

学院思想、学术与民间思想、学术的互动

"沉入国民之中"还有一层意思是，学院里的学术要不断从民间学术、民间思想中去吸取养料。这些年很强调学院派的学术，强调学术的规范化，这是很有必要的；事实上我们这些人（包括在座的诸位）也都是学院里的学人，学院是我们的基本生存环境，这是回避不了，也改变不了的现实。这也提出了一个如何认识学院的生存环境的

问题，既要看到它的正面，也要正视其必有的负面。学院在学术研究中的优势，这大概是无须论证的，它理所当然地要成为国家学术研究的重镇。它的相对封闭的学术环境，一方面使学院的生活与外部世界保持一定的距离，

处于相对宁静与稳定的状态，这都是正常的学术研究所必备的条件，过去我们曾随意打破这样的教学、学术秩序，几乎毁灭了学术，这个教训是不能忘记的。但另一面，长期的封闭，也会使学院失去与现实生活的联系，而丧失、

至少是削弱了学术的活力。而学院的体制化，一方面是学术发展的必要，另一面也有可能形成对学术创造力的一种压抑。在这些方面，具有某种野性，即不规范，也因此不受约束的民间思想、民间学术，能够对学院的学术起到补充的作用。学院学术、学院思想应该以民间学术、民间思想作为自己的基础与后盾，互相渗透、影响、矛盾与制约，这是有利于学术整体的健康发展的。而作为学院里的学者，一方面固然要遵守学术的规范，但在我看来，也要多少保留一些不受约束的"野性"，在二者之间保持必要的张力。

> 具有某种野性，即不规范，也因此不受约束的民间思想、民间学术，能够对学院的学术起到补充的作用

学者的精神世界是极为开阔的

最后，还要说一点，"沉入国民之中"也可以作更广泛的理解，即一个学者他的精神世界是极为开阔的。鲁迅说，"无穷的远方，无数的人们，都和我有关"；又说，真正的诗人是能够感受天堂的快乐与地狱的苦恼的；因此他的"无边心事"是"连广宇"，联结着无限广大的世界、宇宙的。我想，诗人、作家如此，学者更应是如此。

如果学者的胸襟、视野像他所生活于其中的书斋那样狭窄，那就太可悲了。真正的学者是最热爱生活、热爱生命的，他对人与人的世界，对宇宙的生命乃至非生命，都保持浓厚的兴趣，甚至是孩童般的好奇心。他对人，特别是普通人的日常生活有着最通达的理解。正因为书斋生活相对枯燥，也因为因思想的超越而时常咀嚼寂寞与孤独，

他对平凡人生中浓浓的人情味，就有着本能的向往与挚爱，以至于依恋。

"生命的沉潜"与"学术的沉潜"

所谓"星斗其文，赤子其人"，真正有成就的作家、学者总是保留着一颗"赤子之心"。学者的"人"与"学术"之间是有着一种深刻的内在联系的。所以，我们一开始说到"沉潜"时，首先强调的是人（学者自身）生命的沉潜，然后才是学术的沉潜。我们在前面讲"回到古代"，讲"沉入国民"，最终都要落实到你自身精神世界的扩展与自由，和人格的自塑上。我常说，对研究生的培养，最重要的是，通过几年的学习、熏陶，使每个人都进入一个新的精神境界。至于以后学术成就的高低，取决于主客观的，自己能把握、不能把握的各种条件，是无法强求的。——现在，你们大概已经明白，作为一个导师，我对新一代的研究者的主要期待是什么了吧。那么，我的这篇东拉西扯的谈话，也可以结束了。

1998 年 10 月 11 日整理，2008 年 3 月 13 日再整理。

我们的教育成了"升学的教育"，也就是说，既脱离了生活，也脱离了青少年的成长，唯一的目标，就是升学。因此，我们的乡村教育，是与乡村生活无关的教育，是完全脱离中国农村实际，因而在某种程度上脱离了中国基本国情的教育，是根本不考虑农村改造与建设需要的教育，也就是说，农村完全退出了我们的乡村教育以及整个教育的视野。

我的农村教育理念和理想

2005 年 9 月 17 日，在"西部农村
教育论坛"上的讲演

今天这个会，最没有发言权的是我，因为我对西部农村教育了解得很少，和农村教师更是几乎没有接触。但是，我又确实是非常愿意来参加这次论坛，我经常接到各种邀请，讲学或者开会，我都尽可能地推掉了，但这样的会，我却一定要参加，可以说是"招之即来"。——这是为什么呢？

我为什么要到这里来？

我是一个不务正业、爱管闲事的人。我的正业是北京

大学教授，研究与讲授中国现代文学，但这些年我却在关心中小学教育，管了许多闲事，惹了许多麻烦，也让许多人讨厌，他们总想把我赶出中小学教育界，我却偏偏不肯走，就是"挥之不去"。也有些好心的朋友觉得不可理解：为什么一个非教育专业的大学教授要如此固执地管中小学教育的闲事？我总是对他们讲两条理由。一是我对中国问题的一个认识与判断：中国的问题可以讲出很多，但我觉得最重要、最基本的一条，是中国的人心出了问题，人心的问题是因为教育出了问题，教育的基本问题又出在中小学教育上。而教育的问题又不是突击抓一下就能立竿见影的，它需要及早地抓，持续地下工夫，是需要长时段的努力才能见效的。在我看来，中小学教育的问题已经成了一个制约中国长远健康发展的根本问题：我对中小学教育的关注正是基于这样的危机感。尽管我十分清楚自己的参与，对解决危机几乎不起任何作用，但我仍然要发出一个声音，还是"五四"前辈早已呼唤过的："救救孩子!"——在这个意义上，我其实并没有走出自己的现代文学专业：不过是在新的历史条件下继续实践鲁迅所提出的历史命题。

我在许多场合还说了这样一条理由：一个人到了老年，特别是退休以后，把什么事都看透了，但是，对我来说，却有一个东西不能看透，更准确地说，是不敢看透，那就是我们的孩子。如果连对孩子的教育都绝望了，放弃了，那么，我们就真的什么都没有了。我不想否认，自己对中小学教育的参与，是出于这样的自我心理的危机感，这是一次自觉的"反抗绝望"的挣扎与努力。坦白地说，我是在对大学教育，包括北京大学的教育感到极度失望以后，到中小学来寻求我的教育乌托邦的——明知还会遭遇失望，但仍不放弃寻求。

我对中小学教育的关注与参与，是有一个过程的。到现在，大概经历了两个阶段。先是关注教育理念的问题：在对应试教育的理念提出质疑与批判的基础上，提出了自己"以立人为中心"的教育理念，并在这一过程中聚合了一批朋友，编写《新语文读本》等课外读物，以体现我们的教育理想，提出了语文教育的一些新的理念与模式，产生了一些社会影响。用我的话来说，这还只是"门外谈"。从去年开始，我又走进了课堂，进行了"大学教授到中学上课"的实验：先是在我的母校南京师范大学附属中学，后又在北京大学附中与北师大实验中学开了一门《鲁迅作品选读》的选修课。从1999年开始介入到现在，六年的时间我其实就做了这两件事，却遇到了空前的难以想象的阻力，一次又一次地被驱赶，封杀，冷落，但我都挺住了。难以排解的是内心的寂寞与自省。

对中小学教育有了实际接触以后，才知道自己对中小学教育问题的严重性其实是认识不够估计不足的，应试教育的铁的逻辑（其背后是中国现实社会生活的

铁的逻辑）对学校的校长、教师，更是对家长，以及学生的支配性力量，几乎是无可抗拒的，它构成了"针插不进、水泼不进"的密织的网，我所追求的理想教育根本就没有立足之地，更随时有变质、变形的危险，陷入"播下的是龙种，收获的是跳蚤"的尴尬。

农村的孩子应该有接受全人类最优秀的文化、文学遗产的权利

而更让我感到不安的是，我把《新语文读本》的读者定位为"理想教师"与"理想学生"，以满足学生进一步提高语文水平的需求为目标，这固然在特定历史条件下有其思想启蒙与开拓语文教育的新思路、新境界的意义，但它的精英教育的印记仍是非常明显的，至少说它是面对少数学生的。当然，在编写过程中，我也明确地提出了"我的一个梦想"，即希望能够为农村的孩子编一本读本，集中编选全世界最好的作家写的最好的作品，我觉得农村的孩子应该有接受全人类最优秀的文化、文学遗产的权利。后来我真的编选了一本《新语文读本》的"农村版"，很用了一番心思，但仍然传不到农村去。其中的一个重要原因大概就是我的立意太高，多少有些脱离农村教育的实际。

于是，我又进一步反省到，包括我自己在内的许多关注中小学教育的知识分子，实际是将自己的关注点集中在城市的中小学，特别是重点中学、重点小学上，广大的最需要关注的农村教育反而在我们的视野之外，而这恰恰正是问题所在。刚才许多老师都说新课程标准自己很难适应，其实这是暴露了标准本身的问题：它更适用于城市的重点中学，而没有考虑农村教育的实际。我突然发现自己

的立足点不应该放在城市的教育，关注那里的人已经不少了。我不应该做"锦上添花"的事，而应该"雪中送炭"，把注意力转移到极须关注而又没有引起足够关注的农村教育上去。因此，今年七月初，结束了在北大附中与北师大实验中学的上课以后，我就把自己对教育的介入转向了农村教育。——这当然也不是突发的转变：去年下半年我参加北师大学生社团"农民之子"举办的"北京首届打工子弟学校作文竞赛"，并在给大学生作"农村需要我们，我们需要农村"的报告时就已经孕育了这样的重点转移。

应该说这样的转移对我来说，是相当困难的。我人在北京，年纪也老了，到农村去都会成为别人的负担。于是我决定找几个点，主要工作由年轻人做，我来充当"吹鼓手"。而要当好"吹鼓手"，首先要当"学生"，从了解农村教育的实际开始。因此，在来这里之前，我去了贵州——那是我的根据地，大学毕业以后在那里当了18年的中专语文教师，这回就是到我当年任教的安顺，参加那里的地方文化研讨会，其中一个重要方面，就是地方乡村教育，了解了一些情况，思考了一些问题。

下面我要讲的，就是在贵州的一个发言的内容。我这次来参加"西部阳光行动"组织的"西部农村教育论坛"，也是想以"西部阳光行动"的年轻朋友所做的乡村教育实验作为一个点。但我主要是来"听"的，而不是来"讲"的。如前面所说，我现在的角色正处在转变过程中：从大学教授转向关注中小学教育，从关注城市教育转向农村教育。在这个转变过程中，我实实在在需要重新学习，这不

我不应该做"锦上添花"的事，而应该"雪中送炭"，把注意力转移到极须关注而又没有引起足够关注的农村教育上去

是谦虚，而是一个实情。

我到这里来，与诸位见面，就是一个新的学习、新的思考、新的追寻的开始。——我从北京走到大西北的兰州，实在不容易。这背后有一个漫长的追寻过程，一段复杂的心理历程。

诸位来到这里也不容易

我们这次论坛最大的特点，也是我最感兴趣之处，就是有许多来自第一线的农村教师，这是有非常重大的意义的。我曾经说过，中国的中小学教师其实都是沉默的大多数，基本上没有发言权。很多人都在谈教育，教育官员谈教育，我们这些学者也在谈教育，真正的教育主体——第一线的教师却很少发言，特别是在座的农村教师们。本来第一线的教师对教育与教育改革是最有发言权的，但由于体制的原因，也由于观念的原因，却使得第一线教师无论在关于中小学教育的讨论，还是教育改革方案的设计，教育制度、政策的制订中，都始终是缺席的，很少听到他们的声音。

我们的教育改革是自上而下的政府的指令行为，这固然是教育本身就是国家行为这一基本特点所决定的；但它缺少自下而上的民间支撑，其弊端也是明显的。其中之一就是将教师看作是被动的执行者，他们的声音被忽略就是必然的。而我们在这里举行关于西部农村教育的论坛，就是希望能够发出民间的声音，发出第一线农村教师的声

很多人都在谈教育，教育官员谈教育，我们这些学者也在谈教育，真正的教育主体——第一线的教师却很少发言

音，以使我们的教育与教育改革能够获得自下而上的民间推动力，与自上而下的改革形成良性互动与相互制约。

这两天和大家有了初步的接触，发现诸位即使在农村教师中也是处于弱势的地位，来到这里，真不容易。我也因此受到了很大的教育，我和杨东平教授有共同的感受：听了老师们的发言，我们再说什么，都显得苍白。

刚才，听到陕西省蓝田县九间房乡柿园子小学李小锋老师的发言，我掉泪了。他所提供给我们的数字，实在令人震惊：13、31、103、134、4。他说："'13'就是我从1992年至今已经当了整整13年的代课教师；'31'就是我今年刚好31岁；'103'就是我现在的工资每月为103元；'134'就是我教出来的学生有134名，其中4名还考上了大学；'4'就是我身兼数职，校长、主任、老师、后勤，整个学校就只有我一名教师。"这些数字的背后，有农村教育的真实。

西北师范大学王嘉毅教授在这次论坛的发言中告诉我们，到2004年年底，我国农村小学共有代课教师60万人，目前甘肃全省有公办小学教师9.7万人，而代课教师则高达4.2万人，这些代课教师主要分布在农村中小学。这就意味着代课教师事实上是我国农村教育的重要支撑力量，但他们的待遇却惊人地低下，而且他们作为教师的权利更是被严重地忽略甚至被剥夺。

在这样的难以想象的恶劣境遇下，李小锋这样的代课教师却十数年、数十年地坚守在教育第一线，献出了自己的青春，为最边远的山区培养了人才。这令我们敬佩、感动，更让我们羞愧难言：我们整个社会给他们应有的关注和帮助了吗？

我还要向陕西延川县土岗镇小程小学的贺权权老师表示敬意，他跋山涉水来到我们这个讲坛，向我们报告了从事复式教学的农村教师的境况：这又是一个重要而被我们所忽视的教育群体。"西部阳光行动"的尚立富在采访时，甘肃成县主管教育的副县长告诉他，目前该县有三分之一的小学仍依赖复式教学才能维持。因此，有专家指出，在西北、西南欠发达地区的边远山区，复式教学班所占的比例仍很高，而且在一个较长的历史时期将会继续存在下去。这是适应边远地区学生居住分散，办学条件简陋这样一些特殊情况的。问题是绝大部分从事复式教学的教师处于封闭环境中，却很少有人关注。贺老师的发言让

我们听到了他们的呼声，我们将如何回应呢？

四川仪陇县大罗小学谭秀容老师所报告的农村女教师的情况，更可谓触目惊心。谭老师说，当年从仪陇师范毕业怀揣梦想走进大罗小学的七姐妹，如今只剩下她一人，这怨不得姐妹们，条件实在太苦！但这回她到了兰州，才知道甘肃农村代课女老师的境遇更令人辛酸：她们每月的

工资不过 140 元；最低的只有 40 元；可就是 140 元，有位女教师已是三年分文没领，真不知道这路是怎么走过来的！而由此造成的后果则更让人忧虑。王嘉毅教授提醒我们注意：在城市中女教师比例已达 70% 以上，成了城市教育的一个问题；而农村则相反，女教师的比例仅占 42%，在甘肃、西藏、贵州、四川、宁夏、青海等西部地区农村，中小学女教师的比例尚不足三分之一。据尚立富在宁夏一个乡的调查，女教师仅占 25%，而且多在中心小学，16 所村小就有 13 所没有一名女教师。女教师的稀缺不但影响教师队伍的稳定，也造成了许多新的教育问题：首先影响农村女童教育，在甘肃部分少数民族地区，因为没有女教师，女生不来上学。当然，更根本的还是宗教、传统观念等原因，使得女童的辍学率特别高，谭老师所在的大罗乡，今年升入高中的学生，女生只占九分之一。这就形成了两个怪圈："女教师少"与"女童就学少"互为影响，以及"女童就学少——母亲素质差——贫困愚昧——多胎生育——女童就学更难"的矛盾，这同时成了制约农村长远发展的一个因素。看来，关注农村女教师的问题，已经是刻不容缓。

关注农村女教师的问题，已经是刻不容缓

我见到甘肃靖远县三滩中学的胡成德老师，特别感到亲切，因为我在这个论坛上是年龄最长的，已经有四十多年的教龄；胡老师是到会的农村教师中年龄最大的，已有三十多年教龄。胡老师提供给我们的一个数字，也很值得注意：在他所在的乡，40 岁以上的中老年教师占教师总数的 60%，50 岁以上的老教师占 40%。由此带来的教育改

革的问题是，一方面，有的领导把这次教改理解为对传统
课堂教育的全盘否定，根本不重视，甚至否定老教师所积
累的农村教育的丰富经验；另一方面，对老教师来说，面
对变化迅速的新的教育形势，又没有机会得到培训，很难
适应新的教育任务，感到无所适从。胡老师说，他都不知
道该怎么教书了。听了这话，我心里很难受：我们是不是
应该给这些在农村教了一辈子书的老教师，以更多的尊
重、理解与更切实的帮助，更多地听取他们的意见，并认
真反思我们当下教育改革中的问题呢？

让我们忧虑的，不仅是少数民族学校教师缺乏，文化素质较低，身体状况差，更有民族文化的教育与传承的问题

宁夏西吉县沙沟乡顾沟小学的马树仁老师所提出的
"少数民族学校教师的现状"问题，是西部农村教育中的
一个大问题。让我们忧虑的，不仅是少数民族学校教师缺
乏，文化素质较低，身体状况差，更有民族文化的教育与
传承的问题。

非常感谢诸位老师让我们了解了西部农村教育的真实
问题，让我们真切地感受到了西部教育的"扶贫"的迫切
性，国家必须以更大的教育投入来根本解决西部农村教
师，特别是他们中的代课教师、女教师、从事复式教学的
老师、老教师、少数民族教师的基本生存条件，以及农村
办学的基本条件问题，这是首要的，可以说是当务之急。
我们必须认真倾听李小锋老师代表西部农村教师发出的呼
唤："我最大的心愿就是有更多的人来关心西部的老师与
孩子们，也多么希望有设备完善、宽敞明亮的现代化的教
室，使山村教师不再有跋山涉水去上课的艰辛，不再为生
活所熬煎，不再有危房上课时的心情，不再出现困难学生

上不起学的情况。我真希望山村教师也能在电脑前享受网络信息沟通带来的欢乐，不再忍受不仅是物质的贫困，还有无助的孤独和寂寞。当然我也希望能成为一名公办教师，每月有四五百元的收入……"——听到这样的呼唤，是不能不为之动容的。它是对我们每一个人的良知的叩击与拷问。

这里我还要特别响应西北师范大学李瑾瑜教授的发言，他所提出的农村教师的"义务与权利失衡"问题，在我看来，是当下中国农村教育更深层的、更带根本性的问题。这是一个无法回避的事实：在很多地方、很多学校，我们的农村教师实际上是一个"被管理和被使用的对象"。

李教授说，当下农村教育管理通常的思维是：对教师必须通过奖惩施加强大的外部压力，他们"才会好好干活"；达到上级制定的考核目标是学校管理的最高任务，教师的一切行为必须符合考核目标，"要求你做什么，你就必须做好"。于是就有了这样的教育行政官员的训话："饭碗你要想要，那就好好抱住，否则就丢开，滚蛋走人，没有别的出路！"而且还有相应的制度，如"末位淘汰制"、"后果自负制"等等。这都对农村教师形成巨大的压力，以至造成了心理恐惧。尚立富就听到这样的诉苦："现在老师的日子越来越难过了。整天提心吊胆的，说不定就被下放或辞退了"，"如果学生的成绩达不到学校和教育局的要求，不但要扣工资，有时候末位淘汰制就把你淘汰了"，"尤其是现在实行聘用制以后，校长的权力更大了，真的是为所欲为，所有的标准和真理都集中在他一个人身上。他们都喜欢听话的老师，不喜欢有想法的老师。聘用制实行过程中，谁来监管校长的权力？老师有多大的个人发展和生活空间？"在这样的教育体制与环境中，就出现了李瑾瑜教授所说的农村教师的"四无"状态：或"无助"，想做事而无助；或"无奈"，想做的事没有办法去做；或"无望"，看不到自己的希望何在；或"无为"，无所作为，陷入孤独、孤立的困境。

这正是提醒我们，中国农村教师首先面临的是物质贫困，在深层次上，又存在权利的贫困与精神的贫困。因此，要改变西部农村教育的落后状态，当下首要的是要加大教育投入，从长远发展看，还需如李瑾瑜教授所强调的那样，建立农村教师"赋权"和"增能"的长效机制。最重要的是，我们关注西部农村教育，要有"站在西部农村教师立场上的思维方式"，李瑾瑜教授说得非常好："没有从教师的实在困境当中去理解教师，也不会对教师有真正意义上的实质性的帮助。农村教师的需要究竟是什么？他们的生存状态和发展中的真实困难又是什么？这些问题，有谁能站在教师的立场上去思考，去研究，去解决呢？"——这也是包括我在内的我们每一个关心西部农村教育的人，必须时刻向自己提出的问题。

重新确立农村教育的定位、价值与目标

为什么会把农村教师当作是"被管理和使用的对象"？除了体制的问题，也有观念的误区，因此李瑾瑜教授提出

"必须重建'农村教师'概念"，这是抓住了要害的。我由此而想到了另外一个重要问题，就是要重新确立农村教育的定位、价值与目标的问题。这应该是当下中国农村教育的另一个关键问题。

之所以要提出这个问题，是因为我们的农村教育落入了"城市中心主义"的误区。这也是整个中国教育的问题，乡村教育在整个中国教育中处于被忽视的地位，农村教育投入的严重不足，教育资源分配的不平等，这些问题都反映了城市中心主义的倾向。这都是有目共睹的，人们的议论也很多。但如果我们的认识仅仅局限于此，也会遮蔽一些或许是更深层次的问题。

其实教育中的城市中心主义的一个更内在的表现，是整个教育设计中的"城市取向"。所谓应试教育，就是以通过逐层考试，最后成为城里人（对于农村孩子而言）或城市上层社会里的成员（对于城市孩子而言）为教育的最终目的与最终指向的。通俗地说，我们的教育成了"升学的教育"，也就是说，既脱离了生活，也脱离了青少年的成长，唯一的目标，就是升学。因此，我们的乡村教育，是与乡村生活无关的教育，是完全脱离中国农村实际，因而在某种程度上脱离了中国基本国情的教育，是根本不考虑农村改造与建设需要的教育，也就是说，农村完全退出了我们的乡村教育以及整个教育的视野。

正是这样的"城市取向"的教育使乡村教育陷入了困境，而且这是一个全方位的困境。极少数的农村孩子，承受着远超出城市孩子的负担，以超常的努力，通过残酷的

教育中的城市中心主义的一个更内在的表现，是整个教育设计中的"城市取向"

他们所受的全部教育都是要脱离土地，他们的父母即使这样也不愿意他们回到土地上来。而农村凋敝的现实也无法吸引他们扎根于土地

高考竞争，上了大学，实现了"逃离农村"的梦，但也从此走上了永远的"不归路"。这些年，又有些本科或大专生毕业后，找不到工作，回到了农村，却完全不能融入农村社会，如我们在下面还要引述的韩少功先生的文章所说，他们因此"承受着巨大的社会舆论压力和自我心理压力，过着受刑一般的日子。他们苦着一张脸，不知道如何逃离这种困境，似乎没有想到跟着父辈下地干活，正是突围的出路"。因为他们所受的全部教育都是要脱离土地，他们的父母即使这样也不愿意他们回到土地上来。而农村凋敝的现实也无法吸引他们扎根于土地。

而绝大多数高考竞争的失败者，无望通过逐层竞争上爬者，或者提早退出而辍学，即使在校继续学习，也因为无望而失去学习的动力与兴趣，而学校的教育者——校长、教师们也将其视为负担而忽视对他们的教育，这样，这些农村的孩子尽管"混"到了小学、初中、高中毕业，实际上并没有达到相应的文化程度。

这样的低质量的教育使得他们在离开学校以后，即使有机会以打工者的身份来到城市，也会因为自身文化素质不高，在另一种形式的竞争——市场竞争中处于被动、不利的地位。再加上城市的排斥——生存的艰难、人格的歧视等等原因，这些年许多到城市寻梦的农村青年又回到了农村，这就是"打工者的回归"现象。

但这些回乡青年却又在农村中找不到自己的位置。因为他们所受到的教育如前所说，是与农村生活无关的教育，他们既无从事沉重的农业劳动的体力与习惯，也没有

从事多种经营，参与农村改造、建设的知识与技能，更重要的是，长期的"城市取向"的教育使他们的心灵已经失去了农村的家园，即使身在农村，也无心在农村寻求发展。他们中的有些人就成了在城市与农村都找不到自己位置的"游民"。

记得前几年，我在报上读到居住在农村，因而对农村教育有近距离的观察的韩少功先生的一篇文章，受到了很大的震动。这次来开会，我又把它翻了出来。文章有这样一段话，特别触目惊心——"我发现凡精神爽朗、生活充实、实干能力强、人际关系好的乡村青年，大多是低学历的。""如果你在这里看见面色苍白、人瘦毛长、目光呆滞、怪癖不群的青年，如果你看到他们衣冠楚楚从不出现在田边地头，你就大致可以猜出他们的身份：大多是中专、大专、本科毕业的乡村知识分子。"（韩少功：《山里少年》，原载 2003 年 8 月 29 日《文汇报》）——这真是对我们的脱离农村生活，以逃离农村为指归的教育的最大嘲讽与报应。

要知道，我们的乡村教育从根本上是靠农民用自己的血汗钱来支撑的，而城市取向的乡村教育却培养出了这样的"游民"，我们实在是愧对农村的父老乡亲的。——而农民也有自己的对付办法：既然教育让孩子成为"无用之人"，那就干脆及早退学回家。在我看来，这就是农村辍学之风欲禁而不止的深层原因，这是农民以他们自己的方式向我们的教育发出的警告。

我们由此而得出这样的警示：乡村教育必须改变以升

学为唯一取向与目标的定位，要面对全体学生，着眼于他们自身生命的健全成长，为他们以后多方面的发展，打下坚实的基础。无论是留守农村，还是走出农村，到城市发展，都能打开局面，即"走得出，守得住"。同时要加强教育与农村生活的联系，注重对乡村改造与建设人才的培养。

乡村教育……要面对全体学生，着眼于他们自身生命的健全成长，为他们以后多方面的发展，打下坚实的基础

这就意味着，我们的农村教育应该有三重使命，三个培养目标。一是向高等学校输送人才，这既是发展高等教育的需要，也是农村青少年的权利。农民的后代完全有权利和城市人的子弟一样，接受高等教育，在中国以至世界的广阔空间寻求自己的发展，这理应是我们所追求的教育与社会平等的重要方面。正是在这一点上现行的高考制度是有它的合理性的，是不能轻易全盘否定的。第二是向城市建设输送人才。在今后相当长的时期内，城市建设都需要从农村吸收劳动力，农村自身也有城镇化的发展趋势，因此，培养有文化的城市劳动者必然是农村教育的一个重要任务。第三，由于中国的地域广大，地理情况复杂，人口众多，因此，即使中国城市化程度得到极大的提高，仍然会有广大的农村，有为数不少的人口留在农村，于是有"建设社会主义新农村"的任务的提出。农村教育理所当然地要担负起培养农村建设和改造人才的重任，而且在相当一段时间内，农村建设人才主要还是仰赖本地学校的培养。

为适应与落实农村教育的以上三大使命与目标，必须建立农村教育的新的结构。我和社会学家王春光先生讨论

过这一问题，我们一致认为首先应当在农村发展与完善九年制义务教育，使每一个农村的孩子都毫无例外地受到基本的高质量的现代教育，这是教育和社会平等的基础。鉴于目前农村存在的普遍辍学现象，以及办学条件的恶劣，因此，在西部农村真正地，而不只是在统计数字上普及义务教育，并保证教育质量，还要下很大的工夫，做很大的努力，这无疑应成为西部农村教育的重中之重，应是国家教育投入的重点。

"……西部地区发展教育的战略选择，应该是重点发展九年制义务教育，适度发展高中和大学教育。"

记得我在 2000 年和《甘肃日报》的记者的谈话中，谈到一个观点，我现在还是这样看。我说："发展教育的重点应该放在哪里？有两个选择，一个是以发展大学和作为大学生源的高中普通教育为中心，着重高、精、尖人才的培养，另一个是以小学、初中的基础教育和职业高中教育为重点，主要着眼于劳动者整体素质的提高。从国家的全局来说，这两种教育是应该兼顾的。但在我看来，西部地区与东部地区的主要差距是劳动者素质低，这是长期制约西部地区经济、文化发展的最基本的因素。在这种情况下，如果只考虑城市孩子要求上大学的社会压力，把教育经费主要用于发展高中和大学教育投资，忽略了更广大的城乡九年制义务教育这一块，就会把本已存在的东西部教育以及劳动者素质的距离越拉越大。我这样说，当然不是主张不要发展大学与高中教育，而是强调西部地区发展教育的战略选择，应该是重点发展九年制义务教育，适度发展高中和大学教育。"（《西部开发中的教育问题之我见》，收《语文教育门外谈》）——这确实是一个战略选择的问题，是不可掉以轻心的。

应该看到，目前西部经济、社会发展的实际水平决定了大多数的农村青少年在完成了九年义务教育以后，就要走向社会，因此，在初中阶段，就应该有适当的实用技术教育的内容，以适应以后走向社会的需要。当然，这是有限度的。因此，在初中教育以后，应该同时发展两种教育：一是职业教育，以培养城市建设与乡村建设需要的技术人才，或做基本的技术技能培训；一是高中教育，以为高校输送人才，但同时也应有一定的技术教育的内容。这两类义务教育以后的教育，除国家要有投入外，应向社会开放，更广泛地吸收社会教育资源，特别是职业教育要有更大的灵活性。我们设想，如果形成这样的结构与布局，农村教育就有可能有一个比较健全的发展。

重新认识农村教育的特点

这里，还有个问题：如何理解"农村教育"？它有没有自己的特点与优势？

在前面提到的 2000 年和《甘肃日报》记者的谈话中，我已经提到了这个问题："西部地区农村进行素质教育，也有自己的优势。在我的教学中，有过这样的体会，许多来自农村的孩子比城市里的孩子拥有更多的想象力与艺术天分，这是由于他们比城市的孩子更多地接触大自然的缘故。如何充分利用西部地区独有的自然资源与地域文化资源，是我们面临的一个富有挑战性的教育新课题。在这方

面有许多文章可做。"但我的这一意见，并没有引起任何
反响。

这样的忽视大概不是偶然的。因为在城市中心主义的
教育观念里，乡村教育是绝对落后于城市教育的，这背后
有一个"城市——乡村"、"先进——落后"的二元对立的
模式。这样，城市化就是乡村教育的唯一出路，也就是
说，乡村教育城市化了，就是教育的现代化。这其实是一
个认识上的误区。这样，乡村教育的独特性及其独有优
势，就完全被忽视了。

在座的大都是在农村长大的，大家不妨回想一下，你
们从小是怎样接受教育的。其实在接受书本的教育以通向
一个超越本土的世界之外，还有农村本土的地方文化、民
间文化的熏陶，比如乡村有许多民间节日，你们西北地区
有社火、演戏等等活动，小孩子活跃于其间，在享受童年
的欢乐的同时，也接受了潜移默化的文化传递——在某种
程度上这是融入生命的教育，影响是更为深远的。老师们
不妨从教育的角度去重读鲁迅的《社戏》，还有他的《无
常》、《女吊》，就可以知道，这样的童年时期的农村文化，
地方、民间文化的教育，对一个人的终身发展，对鲁迅这
样的文学大师的培育的作用，是怎么估计都不会过分的。
而这样的地方、民间文化教育、熏陶的缺失，在我看来，
正是城市教育的一个不可忽视的问题。今年上半年我在北
京两个重点中学上课，讲鲁迅的《无常》、《女吊》，我本
以为学生会很喜欢这两篇散文，结果没想到学生感到最不
能理解的就是这两篇，因为他们毫无这样的童年记忆，他

们完全陌生于甚至抵制这样的地方、民间文化，他们问我：鲁迅为什么对这些封建迷信的东西如此念念不忘？坦白地说，他们把我问呆了，我感到十分震惊。在我看来，一个人从小就对本民族的地方与民间想象持排斥态度，他的精神发展就是畸形的。

脚踏泥土，仰望星空，这样的生存状态，对人的精神成长，可以说是具有决定意义的

还有大自然的熏陶。"人在大自然中"，这本身就是一个最基本的、最重要的，也是最理想的教育状态。脚踏泥土，仰望星空，这样的生存状态，对人的精神成长，可以说是具有决定意义的。现代都市发展中的最严重的问题，就是对人的这样的生存空间的剥夺。这也是现代城市教育的最大缺憾。而在这方面，农村教育的优势是十分明显的。"西部阳光行动"的有些大学生从小在城市长大，这次第一次到农村，最大的体会就是他们的童年缺少了这一课，他们在日记里这样写道："城市里的孩子有很多很多遗憾，他们或许永远没有机会在这样整齐的梯田中品尝这美味的烤洋芋，在这空旷的山野中畅快奔跑……"（参看《西部的家园》）这其实也是对我们的教育提出的一个警示。当然，如果有条件，农村的孩子也应该到城市去看他所不知道的更广大、更丰富的世界。城市教育与农村教育是应该互补的。

乡村生活还有一个我们习以为常，其实对孩子的教育有很大影响的特点，简单说就是全家人在一个庭院里，朝夕共处，邻里间鸡犬相闻，来往密切，这就形成了充满亲情、乡情的精神空间，自有一种口耳相传的、身教胜于言教的教育方式，这对农村孩子健康成长的影响是潜移默化

而又深远的。鲁迅曾写文章深情回忆："水村的夏夜，摇着大芭蕉扇，在大树下乘凉，是一件极舒服的事。男女都谈些闲天，说些故事。孩子是唱歌的唱歌，猜谜语的猜谜语。"（《自言自语》）我想，有过农村生活经历的人都会有这样的体验：这确实是终身难忘的生命记忆。而在都市的公寓式的居住空间里，在公务员、公司职员的家庭空间被挤压的生活方式里，这样的有利于儿童成长的教育空间、氛围也同样被挤压了。

> 充满亲情、乡情的精神空间，自有一种口耳相传的、身教胜于言教的教育方式，这对农村孩子健康成长的影响是潜移默化而又深远的

对以上所说，湖南师范大学教育科学学院的刘铁芳教授有一个精辟的概括，我的分析就是受到了他的启示。他说："乡村地域文化中原本就潜藏着丰富的教育资源。传统的乡村教育体系正包含着以书本知识为核心的外来文化与以民间故事为基本内容的民俗地域文化有机结合，外来文化的横向渗透与民俗地域文化的纵向传承相结合，学校正规教育与自然野趣之习染相结合，专门训练与口耳相授相结合，知识的启蒙与乡村情感的孕育相结合。"（《乡村教育的问题与出路》，文收《守望教育》，华东师范大学出版社 2004 年版）这既是乡村教育的特点，同时也构成了其特殊优势。而在我看来，在强调素质教育的今天，乡村教育的这些特点与优势就更显示出其重要价值，对城市教育也有极大的启示与借鉴意义。但我们自己却把它丢失了，这叫作"抱着金娃娃讨饭吃"。

也有人批评刘教授"把原有的乡村教育理想化了，是不是在削弱那引导乡村少年走出乡村世界的正规书本教育的重要性"。我想这可能包含了某些误解。农村学校教育

显然仍是以正规书本教育为主，我们已经说过，这是使农村青少年走向超越本土的更广大的世界，接受民族与人类文明结晶的基本途径，其重要性是自不待言的。

当然，这样的批评也是一个提醒，就是不可将乡村文化、教育"过于理想化"，它也自有其不足与劣势，需要向城市文化、教育吸取资源和以之为借鉴。我们一定要走出二元对立的思维模式，不是将农村教育与城市教育对立起来，而是强调其互补性。而其前提，就是要承认："从人的心灵乃至智慧发展的视角来看，显然乡村文化和城市文化具有同等的价值"，并在此基础上，承认并尊重农村教育与城市教育的各自特点（以上讨论参见刘铁芳：《就乡村教育问题答晓燕女士》，文收《守望教育》）。而鉴于长期以来，对农村教育特点的忽视，我们今天在发展农村教育时，特别强调要注意吸取乡村本土地方文化与民间文化的教育资源，开发农村教育的内发性资源，是完全有必要的。

但这样的呼唤却很容易被看作是过于理想化的，因为这样的中国农村的传统教育资源正在日趋萎缩，这也是我们必须正视的现实。地方文化传统（包括民间节日）的失落与变形，农村自然环境的污染，农民工的大量外出造成的农村家庭与农村生活的空洞化，已经成为当下中国农村三大社会文化、生态、经济问题。它对农村教育的影响与冲击是明显的，但这也反过来证明，恢复与发展农村的内在教育资源的迫切性。

这同时提醒我们，农村教育的发展必须和农村本土文

要走出二元对立的思维模式，不是将农村教育与城市教育对立起来，而是强调其互补性

化的重建与自然环境的保护结合起来，形成良性的相互补充与推动。这就是说，我们要通过对乡土文化的研究、整理、重建，对自然环境资源的保护与开发，为农村教育提供内发性资源；同时，通过教育使本土文化传统在年轻一代中传承，并唤起保护自然环境与家园的意识，并把这样的意识代代相传下去。这都关系到农村长远的健康发展。

这里我要特别谈到"乡土教材"的编写问题。这应该是我们所提出的农村教育、乡土文化建设与自然保护三者结合的一个具有可操作性的途径。如杨东平教授在这次论坛上所强调的，这也是一个教育的地方化问题。在最近的教育改革中规定了 10% 的"校本课程"，这就为乡土教材进入课堂，教育的地方化提供了一个空间。如何编写乡土教材，如何开设校本课程，这都是形成农村教育自己的特点的新的教育课题，以后我希望有机会再来专门讨论这个问题。

> 我们要通过对乡土文化的研究、整理、重建，对自然环境资源的保护与开发，为农村教育提供内发性资源

重新认识农村教育
在乡村建设和改造中的地位与作用

这里实际上还内含着一个农村学校在乡村改造与建设中的地位与作用的问题，这也是长期被忽略的。我在贵州参加安顺九溪村的文化建设（那一带保存了从明代江南地区传来的独特文化，叫"屯堡文化"）与乡村建设的学术讨论会时，谈到了农村学校里的老师在乡村建设中实际上处在一个边缘化的位置，老师们对此有不满，却不知道如

何参与——这引起了我的注意与深思。记得当年晏阳初、陶行知他们就提出过要使乡村学校成为乡村改造与建设的中心的设想，这样一个思路，对我们今天的思考与探索也是有启示意义的，农村学校不仅要把学校自身办好，而且也应该积极参与乡村改造与建设工作，农村教育不应是自我封闭的，而应是开放的，要发挥学校的外扩性的影响与发射作用。

这里或许涉及一个更大的问题，就是乡村教育在乡村建设中的支撑作用的问题。我们所说的"乡村教育"其实包括了两个方面的教育，一是我们这里所讨论的乡村"学校教育"，这是属于"国民教育体系"的；其实还有一个重要方面，就是"现代乡村社区教育体系"，就是我们通常所说的对农民的教育与培训，即所谓村民教育。我们说乡村建设与改造，必须以农民为主体，但农民要真正发挥主体作用，在我看来，有两个关键环节，一个是要把农民组织起来；另一个就是要使农民接受现代教育，包括公民教育，文化、卫生教育，科学教育，职业技术教育，地方文化传统教育，环境保护教育，法律教育等等，使其成为具有现代意识、觉悟与知识的现代农民，这才有可能把命运真正掌握在自己手里。农村学校应该把国民教育与社区教育统一起来，同时担负起村民教育的任务，通过办夜校等方式，使学校成为农村文化、教育的一个中心，成为乡村社会"家园"的象征与载体。而乡村教师也自然成为乡村精英的重要成员，乡村建设与改造的骨干力量。当然，这样的任务仅仅依靠学校教师是完成不了的，需要有乡村

农村学校应该把国民教育与社区教育统一起来，同时担负起村民教育的任务

政权、乡村教育自治组织与学校的相互配合。这涉及多方面的复杂问题，更需要具体的实验。这里只是提出一个理念与设想，也算是我的农村教育的一个梦想吧。

重新规划农村教师队伍的建设问题

西部地区农村教师队伍建设问题的重要性与迫切性，大家都已有了共识，就不必多说。我要讨论的是，西部地区农村教师的培养应该有一个统一规划，应建立一个新的结构。

我设想，似乎要有三个方面。首先是现有农村教师的培训。在这方面，西北师范大学教师培训学院已经积累了不少经验，我们这次论坛的另一个内容就是要做农村教师培训的试验，这里就不再作讨论。

这些年关注农村教育的人逐渐增多，出现了各种形式的志愿者的支农、支教活动，这应该是城市回馈农村的一个重要方面。问题是如何建立起一个乡村支教体系，使它更有规模与制度化，以实现城乡教育资源的有效沟通。可以把大学生志愿者也纳入这个体系。这应该是乡村教师队伍结构中的一个重要环节，其作用不可低估。

我想着重讨论的是，如何就地培养能够在农村呆得住，又能胜任农村教育工作的年轻教师，在我看来，他们应该是农村教师队伍中的新生力量与骨干力量。因此，有些有识之士提出"师范教育是农村教育发展的灵魂，是改变贫困与落后的最有效的途径"，这是抓住了要害的。现在的问题是，不仅不重视，而且有取消师范教育的趋势，这些年师范大学纷纷向研究型的综合大学发展，这是很让人忧虑的。这里有一个认识的误区，即不承认教师是一个专业，需要经过严格的专业教育训练，以为只要具有大学本科、研究生的水平，经过短期的教师培训就可以胜任教师工作。这在实践中是非常有害的，造成了教师选用上的唯文凭倾向，出现了非师范生比师范生更容易被选拔为教师的怪事。

在师范教育中，这些年出现了取消中等师范教育的趋向，这在西部地区的农村教育界已经引起了强烈反响。尚立富他们到农村调查，许多校长、老师都反映："中师教育在西部地区是比较适合农村教育需求的，中师生现在很受基层校长的欢迎。"现在农村教师中的许多骨干教师都是老中师生，他们撑起了一片蓝天，有些老教师因此担心若干年后，会出现断层，没有完全适合农村学校发展的教师。这并非杞人忧天。一位从师范毕业被保送到北京的研究生说得很好："中师教育是中国教育的特色教育，尤其是在中国的农村。长期以来，中师教育发挥了它独特的作用，一方面，它为广大的农村培养最基层的师资，是培养地方资源最成功的范例；另一方面是基于中等师范教育的教育体制，它没有高中的升学压力，也不像专科院校强调'专'字，由于是专门培养小学教师的摇篮，中师教育一直以来都重视学生各方面能力的培养，体育、舞蹈、音乐、绘画、三笔字（毛笔、硬笔、粉笔）、普通话、教育学、心理学，样样都有所涉及，这是最适合农村小学教育的需要的，最后受益的是学生。"

我自己在 20 世纪六七十年代就是在贵州的中等专业学校，先是卫生学校，后是师范学校教语文，就是为所在地区的广大农村培养卫生与教育人才。学生的最大特点，一是进校时就明确毕业后的去向，都安心于在农村工作，待得下来；二是所学与农村所需相符合，专业基本功比较全面、扎实，因此能胜任工作；三是没有多少好高骛远、见异思迁的想法，工作踏实、勤恳，受到基层领导、农民与家长的欢迎。一直到今天，这个地区卫生、教育两个部门的许多基层领导、骨干都是我们当年的学生。应该说，20 世纪 50 到 70 年代的中国中等学校教育是成功的，一是目标明确，面向农村；二是从课程设置到教学内容都比较切合农村实际，这确实是符合中国国情，具有中国特色的教育。因此，在我看来，对中等教育，包括中等师范教育的削弱以至取消，是反映了在教育改革指导思想上的某些问题的：一心只想所谓"与国际接轨，和世界同步发展"，而忽视中国自己的教育传统，忽视中国农村，特别是西部农村的实际，西部农村教育的实际。现在这样一味强调教师的学历，并有统一的硬性规定，至少是不切合西部农村教育的实际的。有的老师说得好："在农村教书，文凭是次要的，关键是能力，文凭不能代替能力。我们不能用城市的眼光来看农村，不能用城市的标准来要求农村，我们提高文凭的目的是为了更好地育人，而不是追求一种形式。"如果我们为追求文凭，而否认在过去曾是，现在以及将来相当一段时间都应是培养农村教师的主要基地的中

现在这样一味强调教师的学历，并有统一的硬性规定，至少是不切合西部农村教育的实际的

师教育，那很有可能如一些老师所尖锐指出的，"我们将会成为历史的罪人"。

因此，我主张农村教师的培养仍应以中等师范（主要培养农村小学教师）与专科师范（主要培养农村初中教师）为主体。而且应对这两类师范教育实行特殊的优惠政策，即全额免费，并包分配，学生则与学校、政府签订合同，保证毕业后到农村任教三至五年。这样，既可以解决农村贫寒子弟的求学问题，更可以吸引一大批农村的优秀青年入学，并能够返回到农村去，使农村学校得到稳定而合格，甚至高质量的教师。这样的培养基地，与我们前面所讨论的在职教师的培训体系，城市的支教体系相结合，就可以形成一个培养农村教师队伍的合理格局。

以上所讲，都是这两天听了各位西部农村教育第一线的老师，以及多年从事农村教育研究的专家的发言以后的一点心得，也是看了"西部阳光行动"的年轻朋友所做的西部农村教育调查报告以后的一些体会，也可以说是我关于西部农村教育的初步思考，所形成的一些理念与建议，可能理想的成分比较多，仅供参考吧。

2005 年 11 月 28～29 日，2006 年 3 月 31 日整理，2008 年 3 月 12 日再整理，有删节。

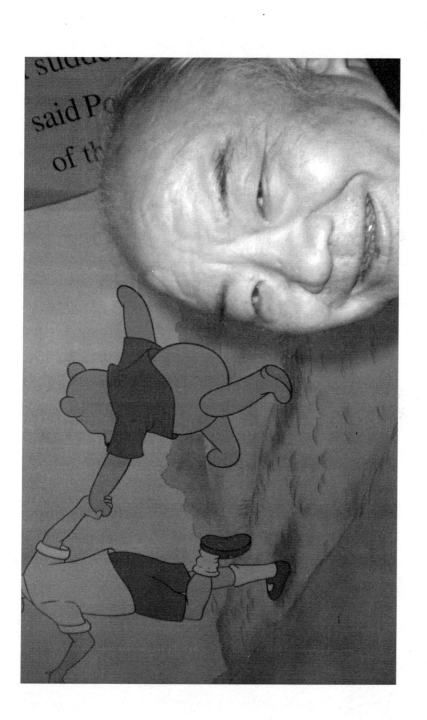

对这些天真无邪的孩子，我们是欠了债的。什么时候，打工子弟可以随便参加城市里的任何文化、教育活动，以至不必为他们单独举行这样的竞赛，我们大概才能心安。

他们有权利发出自己的声音

关于打工子弟教育的两次讲演

2004 年 11 月 27 日，"首届北京市
打工子弟学校作文竞赛"新闻发布会

　　我今天也是作为志愿者——不过是"老年志愿
者"——的身份来参加会议的。我之所以愿意促成"首届
北京市打工子弟学校作文竞赛"活动的开展，是因为主办
者北师大"农民之子——中国农村发展促进会"的计划书
中的一段话，深深地打动了我："与同样生活在这个城市

里的其他成长在公立学校的同龄孩子一样"，打工子弟"他们有权利"，"挺起胸膛，大大方方地站在领奖台"，"展示自我，证明能力"，发出自己的声音！

这里的"权利"两个字非常重要。我们通常说的"弱势群体"之"弱"，不仅是物质贫困，更是权利的贫困。——这也许是更为根本的。

长期以来，这些为北京市的城市建设作出了巨大贡献的农民工，他们的孩子却没有享受教育的权利。——记得几年前我最初接触北师大的"农民之子协会"时，他们遇到的最大困难，就是想去打工子弟学校支教，而这些学校都没有取得合法的地位。现在经过多方面的努力，北京打工子弟学校已经超过 400 余所，学生人数超过了 15 万人。应该说这是一个历史的进步。

但农民工还是"沉默的大多数"，还没有发出自己的声音。——现在，我们就从他们的孩子着手，通过作文竞赛，让社会倾听打工子弟的心声，作文题是"北京——家乡——梦想"。那么，我们就来听孩子们讲述自己家乡的故事，讲述他们来到北京的感受，以及他们的梦想。这不仅是讲述，更是一个证明：他们也是中国的小主人，他们有权利做梦，更有权利大声说出自己的梦想，而且说得不比任何孩子差！

于是，这次作文竞赛就有了不同寻常的意义：尽管城市里的各式各样的作文竞赛人们已经厌烦了，但打工子弟的作文竞赛，却是第一次。——这"第一次"，既让人兴奋，又令人感到辛酸，同时也在提醒我们成年人：对这些

天真无邪的孩子，我们是欠了债的。什么时候，打工子弟可以随便参加城市里的任何文化、教育活动，以至不必为他们单独举行这样的竞赛，我们大概才能心安。

同样处于权利贫困状态的，还有孩子们的老师与校长。他们几乎是在社会舆论关注的视野之外，但却是付出最多的一个群体：不仅要为自己的生存而挣扎，更要在几乎是一无所有的条件下为培育这些孩子而耗尽心血。因此，他们更有理由和他们的学生一起站在领奖台上，受到理应得到的尊重。

这次活动，还有一个目的，就是要"让打工子弟学校联合起来，让打工子弟团结起来，为了自己的权利，为了自己的未来努力奋斗"。——我想，这正是一个关键：最根本的，是要让打工子弟学校的校长、老师、学生自己"站立"起来，去争取属于自己的权利。我们——包括青年志愿者所能提供的，只是朋友的帮助。

但我仍要谈谈发动与组织这次活动的青年志愿者，这些默默工作的年轻的大学生们。这是一个正在崛起的新的

最根本的，是要让打工子弟学校的校长、老师、学生自己"站立"起来，去争取属于自己的权利

青年群体。北师大"农民之子"的同学告诉我，到 2004 年 5 月，全国各大学已经成立了 120 多个支农社团，北京地区已达 30 多个，他们利用寒暑假和"五一"、"十一"长假下乡开展支农调研、支教扶贫活动，此外还开展日常的三农知识讲座与培训。今年暑期一部分北京学生社团组织了"西部阳光"活动，把支农、支教与西部地区的开发结合在一起。关注城市农民工和他们的子弟，也是支农、支教活动的一个自然延伸和重要组成部分。经过一段时间的摸索，许多青年志愿者逐渐将工作重点放在乡村建设的实验点上。可以说，一个"关注农村，塑造自我，建设新乡村"的热潮正在中国的大学校园里悄悄兴起。这些年轻的大学生，用自己的行动向世人表明，他们不是人们所担心的"自我中心的一代"，而是有理想、有大的生命关怀、有奉献精神的一代；同时，他们也是中国的新乡村建设运动的生力军。无论从中国新一代人自身的发展，还是从中国未来的发展来看，这都是非常值得重视的一群生气勃勃、大有希望的年轻人。

今天到会的还有新闻媒体的朋友，我也想借此机会，发出这样的吁请——

请关注打工子弟学校的孩子；

请关注他们的老师、校长；

请关注我们的青年志愿者！

2004 年 12 月 25 日，颁奖会

今天，对我们在座的每一个人，无论是获奖的同学，他们的老师、校长、家长，还是活动的组织者——北师大"农民之子"的青年志愿者，以及我们这些评委，都是一个不同寻常的日子，或许还会成为终身难忘的记忆，永存于我们的生命中。

很多同学在自己的作文中，早就向家乡里的爷爷、奶奶报告这次比赛了，并且说自己做梦都梦到站在领奖台上的那股高兴劲儿——这其实是我们大家共同的梦。

这个梦想今天终于实现了！

我们为什么这么高兴？

我想起了这次获奖的一篇作文。这是《给政府的一封信》，作者是胡竞小朋友。文章一开始就提出了一个很有意思，也很重要的问题："我们是谁？"小作者说："用温暖的词来形容我们"，"就叫城市新市民"；"用准确的词来形容我们，就叫打工子弟"；但"我觉得用弱势群体这个词儿来形容我们，会比较确切"。文章接着说："我们生活在一个很狭小的圈子里，是制度把我们隔在城市的边缘，是身份的低下让我们觉得有些自卑，造成了心理的压力，让我们觉得自己不如别人。"于是，文章结尾，就发出了这样的呼吁："请政府给我们创造一个良好的学习环境。同在一片蓝天下，我们并不比北京人差……"

而现在，终于有了一个证实自己的能力与智慧的机

会。当胡竞小朋友和他的同伴挺起胸膛，大大方方地站在这里，接受人们赞许的目光，就是在向世人宣告：同在蓝天下，我们有权利发出自己的声音；我们同样是北京的小主人，是中国的小主人，是新世纪、新世界的小主人！北京，中国，乃至世界，都应该倾听我们的声音！

这真是一个历史的时刻。我们应该向所有的参赛同学，特别是获奖的同学，表示衷心的祝贺，向所有培育他们的老师、校长、家长，向所有关心他们成长的青年志愿者、社会各界人士，表示衷心的感谢。这是我们大家共同的节日！

作为一个评委，我有幸参加了这次作文竞赛的评卷工作。我已经从教四十多年，当过中学语文教师，后来成了大学教授，这一辈子不知道改过多少中学生的作文，大学生、硕士生、博士生的论文，却没有想到，在退休以后，还有机会看到这样让我动心的作文！我想用一个字来概括这些作文的特点，就是"真"，真实，真切，真挚：说自己的心里话，说真话，写出"真实"；写自己的生活，而且写得具体，生动，写得"真切"；自由地表达自己的情感，显得诚恳与"真挚"。于是，每一篇作文都袒露出一颗"真诚"的心。正是这"真"，打动了我这个老头子，让我想起了中国大文豪鲁迅先生说的"作文秘诀"："有真意，去粉饰，少做作，勿卖弄。"鲁迅还说过这样的话："我们要说现代的，自己的话；用活着的白话，将自己的思想，感情直白地说出来"，"只有真的声音，才能感动中国的人和世界的人；必须有了真的声音，才能和世界的人

毎一篇作文都袒露出一颗"真诚"的心。正是这"真"，打动了我这个老头子

同在世界上生活"。

现在，我们终于听到了打工子弟的"真的声音"。听听他们是如何用自己的眼睛来看待北京这座城市，用自己的心灵感应老师与家长的言行，这是很有意思的。我们成年人可以从中得到许多的启示。

一篇作文（作者：李家昕）谈到自己在北京的遭遇与感受。他因为说话带着满嘴的家乡口音而受到北京人的嘲笑，因而发出疑问："为什么不能让这个冷酷无情的北京有一缕温暖，充满对外地人的关怀呢？"但他很快就在学校里结识了一个好朋友，感受到了"金钱买不到"的"友谊与感情"。于是，他就有了自己的"北京观"：这是一个"充满了好与坏的北京"，并产生了这样的愿望："我真希望它能变得更加完美！"

还有这样一位小姑娘方莹，她走在北京的马路上，看见许多十层以上的高楼，但她很快就发现，楼房里面没有很多人住，这是为什么呢？她怎么也想不通。于是，写封信给自己的二哥，提出疑问："这么多的楼房都没有人住，怎么不到楼房少的地方去盖呢？""如果老家有这么多的楼房"，也就"不至于有这么多的老家人到外地打工，还在外地买房子"了。

另一位小朋友程曼在作文里这样写到他对北京的独特观察：在公共汽车上，"一个戴着墨镜、打扮得挺帅气的小伙子在听音乐"，仿佛很文明的样子。不料"不一会儿，他把他旁边的窗口拉开把头伸出去，随口吐了一口痰"。小作者大吃一惊："难道北京的人就是这样的不文明吗？"

而且他很快就为北京担起忧来："如果他们继续下去的话"，会不会影响到"北京 2008 年奥运"呢？

好几位小朋友都写信给家乡的长辈叙说他们对北京生活的失望。一封写给外公的信（作者：辛凯）里这样写道："在家乡我每天可以和小伙伴玩，而在这儿几乎没有休息或玩的时间，'作业写完了吗？''课文复习完了吗？'这些话每天甚至要听上百遍。"于是，就产生了这样的疑问："一点儿空间（都）不给我"，"外公您说，在这种环境中学习能学得好吗？"因此，"自从来到北京，我时时刻刻都在想念家乡"，"想念家乡的小伙伴，想念家乡的父老乡亲，想念家乡的小溪和河流，甚至想听一听夜晚村里的狗叫声"……

不知道在座的北京的大哥哥、大姐姐、叔叔、伯伯、爷爷、奶奶们，读到这些来自农村的小朋友真挚的北京观察、北京感受，有什么感想，我是被深深地感动与触动了。我们所有的成年人，包括北京的领导，甚至北京市的市长，真应该倾听这些北京打工者的孩子的呼声和意见，并且好好地想一想。

这些作文对在座的小朋友也会有所启发：一定要用自己的眼睛去观察周围的世界，要用自己的心灵去感受周围的世界，然后，你就会有自己的发现、自己的见解，用自己的话，把它写出来，就是最好的文章——写作一点也不神秘。

看看这些孩子怎样描写他们的老师，也是很有意思的。一篇作文（作者：聂立燕）写了这样一个故事：上课的时候打瞌睡被老师发现了，"下课后老师把我叫到办公室，我一边走一边想着，这次我不是挨批就是挨骂"，却没有想到"老师不但不打我，而且也不骂我，却讲起了她以前教学生的故事，讲完后老师没说什么就让我自己去体会"。结果是学生明白自己错在哪里了，老师也笑了，"一种说不出来的感觉"却永远留在学生的心上了。——读完这篇文章，不由得对这位循循善诱的老师肃然起敬。我也想借此向在座的打工子弟学校的老师、校长们表示敬意：你们的一言一行，都会像这位小作者所写的老师那样，在孩子的童年生活记忆中，留下一个美好的神圣的瞬间。这

有的家长由于自己生活的艰难、心情的烦躁，而有意无意地伤害了孩子

正是教育工作的真正意义与价值所在。

有不少同学在作文中都写到了自己的家长。应该说所有的家长都为孩子的生活与学习尽了力，付出了巨大的代价，对这样的父母之爱，孩子是铭记在心的。但毋庸讳言，也有的家长由于自己生活的艰难、心情的烦躁，而有意无意地伤害了孩子。一封写给爷爷奶奶的信，写到"每天晚上夜深人静的时

孩子不仅是我们扶养的对象，他更是一个独立的人，……不仅要供他们吃穿、读书，更要关心他们心灵的健康发展

候"父母都要吵架，甚至相互厮打，"虽然我才十多岁，但我已经不小了，我已经无法忍受这个在我认为已经是一盘散沙的家了"。于是就有了发自肺腑的痛心的呼唤："爷爷奶奶，你们接我回去吧！我实在呆不下去了。""以前我在家的时候，你们经常要我干活，我觉得你们不好，但是由今天看来，我真后悔当初为什么要顶撞你们，爷爷奶奶原谅我吧！如果嫌我拖累你们，我可以帮你们干活啊！如果你们怕我不干，那你们可以打我啊！……爷爷奶奶快来吧！我不想呆在这个让人感觉冷清的地方了。"——这是一篇写出了自己的真情的非常感人的文章，读了以后真让人心酸。这里所折射出的，是作为打工者的父母由于生活的艰辛造成了情感的扭曲；而由此造成的孩子的心灵的创伤，则更加触目惊心。它提醒我们所有的成年人，孩子的老师、家长们，孩子不仅是我们扶养的对象，他更是一个独立的人，尽管年纪小，但他们也有自己的思想、情感，而且他们的心灵往往是脆弱、敏感的，我们一定要小心地呵护他们，不仅要供他们吃穿、读书，更要关心他们心灵的健康发展，不管我们大人在生活中遇到了多少不顺心的事，都不能因此而伤害孩子的心。请给孩子，特别是他们的心灵，多一些关爱吧。

坦白地说，读这些打工子弟的作文，心情多少有些沉重。正因为他们写得很真实很真诚，你就可以感觉到他们在北京生活的艰难。他们的天地实际上非常狭窄，很多孩子在作文里都谈到，由于父母工作的忙碌，生活的拮据，学习的紧张，由于受到社会歧视所感到的心理的压力，以

及随时产生的不安全感，他们除了到学校上课之外，大多数时间都是关在家里的，他们事实上是被排斥在北京市民生活、北京儿童生活之外的。由此造成的是他们心灵世界的相对封闭。

我们这次作文竞赛的主题是"北京——家乡——梦想"，但真正写出具有童心、童趣的"梦想"的文章却几乎缺失。我们只读到一篇作文（作者：孙瑶），一个小女孩写信给她的外婆，说："我想要一朵孙悟空的筋斗云一样的云。那样，我就不用每天上学、放学那样走路去学校，走路回家了！也不用忍受因为我和您相隔两地而见不到面的痛苦了！……只要您想我的时候，我就可以驾着筋斗云马上出现在您的面前。还可以带着全家人去遨游五湖四海，遨游世界呢！"文章结尾这样问外婆："不知您能不能满足我这个小小的要求？"——我想，我们每个人读到这里，都会发出会心的微笑。同时，我们也在想：什么时候我们的打工子弟，也能有他们这个年龄所应该有的心智的解放，幻想的翅膀的自由翱翔？

最后，我还要说一点，这次获奖作文大多数都达到了作文的基本要求：字迹端正，卷面整洁，很少错别字，词句通顺，标点正确。但仍有些作文，也包括我们在前面提出来讲评的部分作文，尽管作文的内容很有新意，但却有不少错别字、不通顺的句子，还有的文章整段不打标点，特别是有的小作者字写得太差，歪歪扭扭，卷面涂得一塌糊涂。这都不是小事情。这也在提醒我们，在引导孩子说真话、写自己的话的同时，一定要加强孩子语文字、词、

什么时候我们的打工子弟，也能有他们这个年龄所应该有的心智的解放，幻想的翅膀的自由翱翔？

句的基本训练，要养成良好的书写习惯，这对他们的终身学习、终身发展，也是至关重要的。

尽管存在着这样那样的不足与缺憾，但这次首届打工子弟作文竞赛还是成功的，甚至多少出乎我的意料。重要的是，经过所有参加这次活动的同学、老师、校长、志愿者的共同努力，我们已经走出了第一步。我们的第一个梦想已经变成了现实。借着这一次的尝试的成功，我们想再一次地向全社会、向全国的大学生中的青年志愿者发出呼吁——

请给予打工子弟这一特殊群体以更多的关注、更有力的帮助！

新的一年正在向我们走来。我们向所有参加颁奖会的同学、老师、校长、家长、大学生志愿者，以及社会各界朋友，致以新年的祝福，祝大家"同在蓝天下，生活更美好"！

2004 年 11 月 26 日、12 月 24 日写

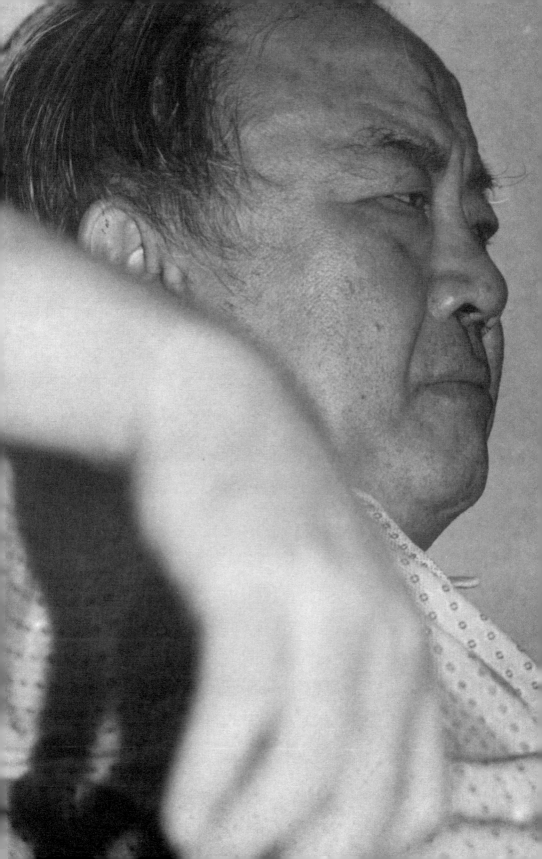

生活里边有没有"比其他东西都重要的东西"，有没有"不可夺"之"志"，这是一个关键、要害：有了，你的心就有了着落，你的精神就有了寄托，人就有了安身立命之处，于是，就总要有所在意，有所守护；没有，心无所系，精神无所寄托，你就没着没落，既无法安身，也无以立命，也就不在意什么，一切都无所谓，也就自然谈不上要守护什么了。

承担，独立，自由，创造

——我们要追寻的教育精神，知识分子精神

2007 年 9 月 13 日在北京大学中文系，2007 年 10 月 30 日在北京师范大学，2007 年 11 月 18 日在苏州大学文学院，2007 年 11 月 20日在常熟理工学院的讲演

今天，我是来和大家一起读一本书的。

这是中央编译出版社最近出版的《民国那些人》，作者徐百柯原来是北大中文系的研究生，毕业以后在《中国青年报》"冰点"副刊当编辑，他应该是大家的同代人。据说他写这本书，是因为感觉到自己以及周围的年轻人的生活中，好像缺少了什么东西，主要是一种精神的缺失；因此，就想去看看"民国那些人"，当年那些大学里的教

师、学生，那些知识分子，他们是怎么生活，怎么求学、教书、治学，怎么工作，怎么为人处世的，他们追求什么，有什么样的理想，有着怎样的精神、风范，对我们今天重建自己的生活、理想，有什么启示？——我想，这些问题，也是在座的诸位想过，并且感兴趣的。

而"我"今天领着"大家"一起来读这本书，和"民国那些人"相会，这本身就有一个时空的交错，是很有意思的："民国那些人"，是 20 世纪初即所谓"1900 后"的一代人；我出生于 1939 年，是"1930 后"一代人；而诸位，则大都是"1980 后"一代人。这三代人相会会出现什么情况呢？

我们先来看书的封底作者写的一段话，它是引起了我的强烈共鸣的："曾经有那样一个时代，曾经有那样一批人物。他们那样地想着，那样地活着。他们离我们今天并不遥远，但他们守护、在意、体现的精神、传统、风骨，已与我们相距甚远。读着他们，我们感到恍然隔世；抚摸历史，我们常常浩叹不已。"

这就产生了一个问题：为什么"时间上他们其实离我们很近"，而我们又觉得他们"与我们相去甚远"呢？——然而，真的很远吗？我们能不能拉近这样的距离，由"远"而"近"？

我们面对的，正是现实生活中的当代中国大学生、大学教师、知识分子和历史上的大学生、大学教师、知识分子的关系。讲到这里，我突然想到，假设"民国那些人"，今天真的来这里参加聚会，在座的大学生、研究生们，和这些前辈有共同的话题吗？这共同话题又是什么呢？

这就是今天我要和诸位讨论的问题。

"我们"的问题在哪里？

我注意到书中提到的一位当代大学生的反应，他说："我们这些自由而无用的灵魂，不会感应那些老先生的。"

这话说得很坦率，也很令人深思。因此，我想把我们的讨论拉扯开去，说一些"题外话"。我想起了去年北大团校举办了一个"生于八十年代"征文比赛。这里说的"生于八十年代"，其实就是"我们"——当代大学生的一个自我描述和命名，也即人们通常所说的"80后"。征文小组请我当首席评委，还要我作总结发言，我也真的认真准备了一个"如何看待80后这一代"的演讲稿。但后来却突然通知我，颁奖大会不举行了，我也不必讲了，弄得我有些莫名其妙。

今天就把我原先准备的讲稿的主要内容在这里讲一讲，也算是一个弥补吧。我首先谈到的是《中国统计年鉴》提供的一个数字：从1980年至1989年的十年中，中国约有二亿零四百万人出生，即使排除中途夭折的，"80后"也有两亿人左右，这确实是一个不可忽视的群体。而且你们中间的代表，像姚明、刘翔、郎朗，都被世界看作是中国形象的象征了。"80后"这一代已经如此重要，但对他们的评价却有很大的争议。据《中国青年报》的一个调查，"80前"的各代普遍对这一代人评价不高，而"80

年后"的自我评价却不错，这就形成了一个巨大的反差。

怎么看待这种现象呢？我在研究这一百年的历史时有一个发现：这样的前一代人对后代人的指责、批评，以及后代人对这样的批评的不满和反击，在历史上是屡见不鲜的，也可以说是一代传一代的。比如说，"五四"那一代的刘半农，就曾经写文章大骂30年代的青年，说他们不读书，字写得不好，等等。——这和今天一些人对"80后"的批评也差不多。刚才讲过，我是在20世纪30年代末出生的，大概也属被骂之列。但，在今天，30年代、40年代，以至50年代出生的，都被说成非常了不起的几代人，因此，有资格来骂后代人了，包括诸位在内。这就是说，"每一代人都被他的上一代所不满，最后还是接了上一代的班，完成了历史赋予他们的使命，以至有资格来批评下一代人"。你们也一样，听说再过几年，大学生就都是"90后"了，那时候，你们这些"80后"大概也要批评他们了吧。我由此得出一个结论：为下一代人，尤其是年轻人担忧，实在是杞人之忧。每一代人都会有他自己的问题，但既不能看得太重，最终也要靠他们自己来解决问题。一是要相信青年，二是要相信时间。这大概也是我的两个基本信念吧。

我在很多场合都谈到了这样的看法，得到许多朋友，包括"80后"的年轻朋友的认同。不过，也有"80后"的同学对我说：你说每代人都会有自己的问题，尽管这些问题要靠我们自己解决，但我们也很想听听你对这一代人存在的问题的看法，至少可以提供我们来思考吧。那么，我就姑妄说之，诸位也就姑妄听之吧。

一是要相信青年，二是要相信时间。这大概也是我的两个基本信念吧这一代人是在应试教育下成长起来的，从小就以"考大学，特别是名牌大学"作为自己人生的全部目标；现在如愿以偿，进入了大学，在最初的兴奋过去以后，就突然失去了目标与方向。这背后其实是一个信仰的缺失的问题。这个问题，不仅你们这一代有，我们也有，"上帝死了"，是一个全球性的问题。我们这一代曾经以"革命"为自己的信仰，现在我们却发现"革命"有许多问题，需要反思、反省，也就有一种失落感。不过，我们已经老了，可以按原先的惯性生活；而诸位不行，一切都还没有开始，不能这样糊糊涂涂地过下去，于是，就有了许多苦闷与烦恼。我读过一位大学生的自述："岁月让我们变得对一切麻木，变得对一切冷漠，变得对一切无所谓，失去了许多作为人的最纯洁的感动。""我现在对自己的将来却毫无所知，而且不愿意去知道。就这样，让我们年轻

的生命消逝在每天每时的平庸里，整天就这样飘来飘去，没有方向，漫无目标……"或许这里说得有些夸张，但没有信仰，没有目标，什么都不在意，都无所谓，这确实是个大问题，生活中没有了依赖，人就失去了主心骨，脊梁

也就挺不起来了。

这一代人的人生道路上，所面临的，就是这样一个"如何建立信仰，确立生活目标与方向"的问题。或许我们正可以带着这个问题，去请教我们的前辈，和他们进行心的交流，去追寻在现实中已经稀薄甚至缺失的精神，教育的精神，知识分子的精神。

"生活里边有个东西，比其他东西都重要"

我们一起来读这一篇：《曾昭抡：不修边幅的名教授》。从表面上看，这都是"名教授"、"名士"的怪癖传闻：他曾经站在沙滩红楼前，和电线杆子又说又笑地谈论化学上的新发现，让过往行人不胜骇然；一次他带着雨伞外出，天降暴雨，他衣服全湿透了，却仍然提着伞走路；在家里吃晚饭，他心不在焉，居然拿着煤铲到锅里去添饭，直到他夫人发现他饭碗里有煤渣；他忙于工作，很少回家，有一次回到家里，保姆甚至不知道他是主人，把他当客人招待，见他到了晚上都不走，觉得奇怪极了；而他所穿的鞋，联大学生几乎都知道，是前后见天的；他平日里走路，总是低着头，不是不理人，而是根本就看不见……

我知道，做学生的，最大的乐趣，莫过于晚上熄灯以后，躺在床上，回味、谈论某位教授的逸闻趣事

且莫把这些都看成逸闻趣事仅作谈资——我知道，做学生的，最大的乐趣，莫过于晚上熄灯以后，躺在床上，回味、谈论某位教授的逸闻趣事。我们当年做学生的时候就是这样，我深信诸位现在也是如此，这也是学生的"传统"。但我们又不能仅止于此，还要想一想隐藏在其背后

的东西。

费孝通先生有一个十分精到的分析。他说："在他心里想不到有边幅可修。他的生活里边有个东西，比其他东西都重要，那就是'匹夫不可夺志'的'志'。知识分子心里总要有个着落，有个寄托。曾昭抡把一生的精力放在化学里边，没有这样的人在那里拼命，一个学科是不可能出来的。现在的学者，当个教授好像很容易，他已经不是为了一个学科在那里拼命了，他并不一定清楚这个学科追求的是什么，不一定会觉得这个学科比自己穿的鞋还重要。"——生活里边有没有"比其他东西都重要的东西"，有没有"不可夺"之"志"，这是一个关键、要害：有了，你的心就有了着落，你的精神就有了寄托，人就有了安身立命之处，于是，就总要有所在意，有所守护；没有，心无所系，精神无所寄托，你就没着没落，既无法安

身，也无以立命，也就不在意什么，一切都无所谓，也就自然谈不上要守护什么了。

可以看得很清楚，对曾昭抡这样的学者，学术，就是他的"比什么都重要的东西"，就是他的"不可夺"之

"志"。他对化学学科，有一种使命感，有一种生命的承担，因此他愿意为之拼命、献身。前面说到的他的那些逸闻趣事，正是这样的拼命、献身，以至达到忘我境地的一个外在的表现。学术、学科，对于他，就不仅是一种谋生的职业、谋取名利的手段，而是他的情感、精神、生命的寄托，依靠，是安身立命的东西。这就是这一代学者和费孝通先生所说的"现在的学者"的根本不同之处。

我最近写了一篇文章，也是讲这一代学者、知识分子，题目是"有承担的一代学人，有承担的学术"。也就是说，这一代人，做人做事，都是有承担的。我还谈到这样的承担，是有三个层面的：对国家、民族、人类，对历史、时代、社会、人民的承担；对自我生命的承担；对学术的承担。

我读这本《民国这些人》，感触最深的，也就是这"三承担"。——让我们一一道来。

"铁肩担道义"：对社会、历史、民族的承担

这本书写到了几位以身殉道、殉职的学人、报人，其中就有因拒收张作霖 30 万元"封口费"而惨遭杀害的民国名记者邵飘萍。他有一句座右铭："铁肩担道义，辣手著文章。"我想，"铁肩担道义"是可以概括这一代人共同的"不可夺"之"志"的，也是他们对国家、民族、人类，对历史、时代、社会、人民的承担意识的集中体现。这也是对自我在社会、历史中的角色、立场的一个选择，

学术、学科，对于他，就不仅是一种谋生的职业、谋取名利的手段，而是他的情感、精神、生命的寄托，依靠，是安身立命的东西

认定：用今天的话来说，他们都自命为"公共知识分子"，他们代表的，不是某个利益集团的利益，更不是一己的私利，而是社会公共利益，是时代的正义和良知的代表，即所谓"铁肩担道义"。

本书在写到被公认为"宋史泰斗"的北大历史系教授邓广铭时，特地提到他的老友季羡林先生在回忆文章中所提到的一个词："后死者"。——这是一个极其深刻的概念。这里讨论的是一个学者，特别是历史研究者，他和他的研究对象的关系：不仅是"研究者"与"被研究者"的关系，更是"后死者"与"先行者"的关系。因此，先行者对后死者有"托付"，后死者对先行者有"责任"和"承担"，后死者不仅要研究、传播先行者的思想、功业，还负有"接着往下讲，往下做"的历史使命。在这里，我可以向诸位坦白我的一个追求：我研究鲁迅，不仅要

> 我可以向诸位坦白我的一个追求：我研究鲁迅，不仅要"讲鲁迅"，而且要"接着鲁迅往下讲，往下做"。这就是一种历史的承担意识

"讲鲁迅"，而且要"接着鲁迅往下讲，往下做"。这就是一种历史的承担意识。在我看来，这才是一个历史学者、一个知识分子，他所从事的历史研究的真正意义和价值所在。

知识分子、学者，对社会、国家、民族、人类的承担，我觉得在两个时刻特别显得重要。一个是民族危难的时刻。本书写到曾任辅仁大学校长、北京师范大学校长和故宫博物院图书馆馆长的史学大师陈垣老先生，在北平沦陷时期就这样对启功先生说："一个民族的消亡，从民族文化开始。我们要做的是，在这个关键时刻，保住我们的民族文化，把这个继承下去。"另一位复旦大学的老校长马相伯在抗战时期逝世，弟子于右任在挽联中赞誉他"生死护中华"，说的就是他在民族危亡中对民族文化的承担。

社会道德失范的时候，在某种意义上，也是一种民族危难的时刻，所以我们的国歌，"中华民族到了最危险的时候"，是时刻有着警醒的意义和作用的。危难中显本色，越是社会道德失范，知识分子就越应该承担"精神坚守"的历史责任，大学，就越应该发挥"转移社会一时之风气"的"精神堡垒、圣地"的作用。但现实却恰恰相反，许多令人痛心的丑闻都发生在大学校园里。因此，那些有节操甚至有洁癖的老一代学者，就特别令人怀想。在林庚先生九五华诞时，我写过一篇文章，题目就叫"那里有一方心灵的净土"。我这样写道，"无论如何，老人们仍然和我们生活在这个世界上，这个事实确实能够给人以温暖"，"因为这个越来越险恶、越来越令人难以把握的世界，太缺少他这样的人了——这样的好人，这样的可爱的人，这样的有信仰的，真诚的，单纯的人了"，因为"经不起各种磨难，我们心中的'上帝'已经死了，我们不再有信仰，也不再真诚和单纯，我们的心早就被油腻和灰尘蒙蔽

了"。这就是北大校园里的林庚和他那一代人的意义："幸
而还有他，不然，我们就太可怜，太可悲了。当我陷入浮
躁，陷入沮丧、颓废、绝望时，想起燕南园那间小屋里那
盏灯，我的心就平静起来，有了温馨与安宁，有了奋进的
力量。是的，那里有一方心灵的净土。"

"把心思用在自己怎么看待自己"：
对自我生命的承担

这本书给我印象最深刻的，是作者所描述的三位教授
的三堂课，我想称之
为"最迷人的课"。

第一堂课，是西
南联大的刘文典教授
开设的《文选》课。
刘老先生讲课不拘常
规，常常乘兴随意，
别开生面。有一天，
他讲了半小时课，就
突然宣布要提前下
课，改在下星期三晚
七点半继续上课。原来那天是阴历五月十五，他要在月光
下讲《月赋》。——同学们不妨想象一下：校园草地上，
学生们围成一圈，他老人家端坐其间，当着一轮浩月，人
讲其《月赋》，俨如《世说新语》里的魏晋人物：这将是

怎样的一番情景!

第二堂绝妙的课是四川大学教授蒙文通的考试课:不是先生出题考学生,而是学生出题问先生,往往考生的题目一出口,先生就能知道学生的学识程度。如学生的题目出得好,蒙先生总是大笑不已,然后点燃叶子烟猛吸一口,开始详加评论。考场不在教室,而在川大旁边望江楼公园竹丛中的茶铺里,学生按指定分组去品茗应试,由蒙先生招待吃茶。

这样的课,绝就绝在它的不拘一格,它的随心所欲,显示的是教师的真性情,一种自由不拘的生命存在方式、生命形态。因此,它给予学生的,就不只是知识,更是生命的浸染、熏陶。在这样的课堂里,充满了活的生命气息,教师与学生之间,学生与学生之间,生命相互交流、沟通、撞击,最后达到了彼此生命的融合与升华。这样的生命化的教育的背后,是一种生命承担意识。

最难忘的,是我亲身聆听的林庚先生的"最后一课"。当时我刚留校当助教,系主任严家炎老师要我协助组织退休的老教授给全系同学开讲座。林先生欣然同意,并作了认真的准备,花了一个多月的时间,反复琢磨,讲课的题目都换了好几次。最后那天上课了,先生穿着整洁而大方,一站在那里,就把大家震住了。然后,他缓缓朗声说道:"什么是诗?诗的本质就是发现,诗人要永远像婴儿一样,睁大了好奇的眼睛,去看周围的世界,去发现世界的新的美。"顿时全场肃然,大家都陷入了沉思。先生又旁征博引,任意发挥,足足讲了两个小时,还意犹未尽,学生们也听得如痴如醉，全然忘记了时间。但我扶着先生回到家里，先生就病倒了。先生是拼着生命的全力上完最后一课的，这真是"天鹅的绝唱"。

他们追求的是"简单的物质生活与丰裕的精神生活"

那一代人，无论做学问，讲课，做事情，都是把自己的生命投入进去的，学问、工作，都不是外在于他的，而是和自我生命融为一体的。这样，他们所做的每一件事情，都会使他自身的生命不断获得新生和升华，从中体会、体验到自我生命的意义、价值和欢乐。于是，就有了大语言学家赵元任说的一句名言：自己研究语言学是为了"好玩儿"。诚如作者所说，"在今人看来，淡淡一句'好玩儿'背后藏着颇多深意。世界上许多大学者研究某种现象或理论时，他们自己常常是为了好玩。'好玩者，不是功利主义，不是沽名钓誉，更不是哗众取宠，不是一本万利'"。还可以补充一句：不是职业式的技术操作，不是仅仅为了谋生，而是为了自我生命的欢乐与自由。

当然，这绝不是要否定谋生的意义，如鲁迅所说，"一要生存，二要温饱，三要发展"，人对物质利益、金钱的追求都是人应有的权利，所谓安贫乐道，如鲁迅所说，那是一种统治术，鼓吹者自己是不准备实行的。对这样的说教者，年轻人应该保持必要的警惕。但在生存、温饱基本解决，即达到衣食无虞以后，人在精神与物质上应有什么追求，就是一个大问题。我们所讨论的这些学者、教授，他们显然更注重精神对人的生命的意义，他们追求的是"简单的物质生活与丰裕的精神生活"。他们不追求外在于自我生命的东西，因此，就能如孔夫子所说，"不义而富且贵，于我如浮云"：那都是身外之物，是应该而且可以淡然看之的。

本书特地提到了费孝通先生对他的老师潘光旦的评价："我们这一代很看重别人怎么看待自己，潘先生比我们深一层，就是把心思用在自己怎么看待自己。"——这话颇值得琢磨："看重别人怎么看自己"，在意的是身外的评价、地位，那其实都是虚名；而"心思用在自己怎么看待自己"，在意的是自己对不对得住自己，是自我生命能不能不断创造与更新，从而获得真价值、真意义。我们一再说，对自我生命要有承担，讲的就是这个意思。而我们的问题，也恰恰在这里：许多人好像很看重自己，其实看重的都是一时之名利，对自己生命的真正意义、价值，反而是不关心、不负责任的，因而也就无法享受到"民国那一代"人所特有的生命的真正欢乐。"自己对不起自己"，这才是真正的大问题。

"舍我其谁"：对学术的承担

关于学术的承担，前面在讲曾昭抡先生时，已有论及；这里再作一点发挥。

还是刘文典先生在西南联大的故事：一日，日本飞机空袭昆明，教授与学生都四处躲避。刘文典跑到中途，突然想起他"十二万分"佩服的陈寅恪目力衰竭行走不便，就连忙率几个学生折回来搀扶着陈先生往城外跑去，一边高喊："保存国粹要紧，保存国粹要紧！"这时只见他平素最瞧不起的新文学作家沈从文也在人流中，便转身怒斥："你跑什么跑？我刘某人是在替庄子跑，我要死了，就没人讲庄子了！你替谁跑？"

这大概有演义的成分，但刘文典的"狂"却是真的；所谓"狂"无非是把自己这门学科看成"天下第一"，自己在学科中的地位看得很重：我不在，这门学科就没了！这种"舍我其谁"的狂傲气概，其实是显示了学术的使命感、责任感，自觉的学术承担意识的。所谓"天生我材必有用"，天生下我来就是做学问的；所谓"天将降大任于斯人也"，这些学者就是为某个学科而生的，如曾昭抢为化学而生，刘文典为《庄子》而生，林庚为唐诗而生，等等。

因此，在他们眼里，学术就是自己的生命，学术之外无其他。哲学家金岳霖如是说："世界上似乎有很多的哲学动物，我自己也是一个。就是把他们放在监牢里做苦工，他们脑子里仍然是满脑子的哲学问题。"

这里还有一个例子。具有世界声誉的古希腊经典著作翻译家罗念生，人们说他的一生，只有一个单纯的主题：古希腊。他自己也说："每天早上，我展开希腊文学书卷，别的事全都置诸脑后，我感到这是我平生的最大幸福。"他一生充盈着古希腊，用古希腊著作的精神来对待世界。儿子小时候接受的故事全是古希腊的；和友人聚会，他讲的笑话全部出自古希腊；好友失恋要自杀，他劝好友："去看看《俄狄浦斯王》吧，你会明白人的意志多么宝贵。"他儿子回忆说，当年自己劝说父亲不妨去争取一些头衔和荣誉，父亲凑近他，带着一种混合着顽皮、满足和欣喜的神态，轻声说："我不要那个，那个是虚的。"——他的生命中有了古希腊，就足够了。18世纪，德国艺术史大师温克尔曼称，古希腊艺术是"高贵的单纯和静穆的伟大"；罗念生的一生浸泡于其间，他的生命也获得这样的"高贵的单纯和静穆的伟大"。

这样的以学术为"生命的自足存在"，才是真正的"为学术而学术"！没有生命承担的学术，谈不上真正的学术

什么叫"学院派"？这就是真正的学院派！什么叫"为学术而学术"？这样的以学术为"生命的自足存在"，才是真正的"为学术而学术"！没有生命承担的学术，谈不上真正的学术！

对这样的把握了学术真谛的学者，学术是无所不在的，他们无时不刻不处在学术状态中。这里又有一个"建筑史上应该记录的有趣的饭局"：20世纪50年代初，中国最负盛名的两位建筑师杨廷宝和梁思成，以及他们的学生辈，在北京东安市场一家饭馆就餐。谈话间，杨廷宝突然从座位上站起来，又坐下，又站起来，打量着面前的桌椅，然后从怀中掏出卷尺，量好尺寸，一一记录在小本上。——原来他发现，这套桌椅只占了极小的空间，而坐着甚为舒服，这在餐厅建筑设计上是有参考价值的，而他总是随身带着量尺与小本子，以便随时记录。

我们在前面谈到过的著名记者邵飘萍也有这样的经验：记者要时刻生活在角色中。闲谈中，众人皆醉，唯我独醒，"新闻脑"始终紧张活动；一旦提笔行文，则又"状若木鸡，静穆如处子"，倾注整个身心。

这时时刻刻"倾注整个身心"，其实就是一种对学术，

对自己的工作的痴迷。痴迷到了极点，就有了一股呆劲，傻气。人们通常把这样的学者称为"书呆子"，在我看来，在善意的调侃中，是怀有一种敬意的：没有这样的"书呆子"气，是不可能进入学术，登堂入室的。——望在座的研究生，切切记住这一点。

没有这样的"书呆子"气，是不可能进入学术，登堂入室的

这篇讲话实在太长了，但我还有话要说。那就再简要地讲一点吧。

我要讲的是，这样的有承担的学者、教授、知识分子，就自有一种精神。在我看来，主要是独立精神、自由精神与创造精神。

独立精神："匹夫不可夺志"

还是先讲几个小故事吧。

1944 年，著名历史学家傅斯年在参政会上向行政院长孔祥熙发难，揭发其在发行美金公债中贪污舞弊，会后，蒋介石亲自请他吃饭，为孔说情。席间，蒋介石问："你信任我吗？"傅斯年答曰："我绝对信任。"蒋介石于是说："你既然信任我，那么就应该信任我所任用的人。"傅斯年立刻说："委员长我是信任的，至于说因为信任你也就该信任你所任用的人，那么，砍掉我的脑袋我也不能这样说。"有人说，这样的对话，"当今之士，且不说有过，又可曾梦想过？"

还是那位刘文典教授。1928 年蒋介石掌握大权不久，想提高自己的声望，曾多次表示要到刘文典主持校务的安

"大学不是衙门！"

徽大学去视察，但刘拒绝其到校"训话"。后来，蒋虽如愿以偿，可是他在视察时，校园到处冷冷清清，并没有领袖希望的那样隆重而热烈的欢迎场面。一切皆因刘文典冷冷掷出的一句话："大学不是衙门！"后来安徽发生"学潮"，蒋介石召见刘文典。见面时，刘称蒋为"先生"而不称"主席"，蒋很是不满，进而两人冲突升级，刘文典指着蒋介石说："你就是军阀！"蒋介石则以"治学不严"为由，将刘当场羁押，说要枪毙。后来多亏蔡元培等人说情，关了一个月才获释。——后人叹曰："今天，这样的知识分子已无处寻觅，所谓'风流总被雨打风吹去'。"

名士习惯于"见大人，则藐之"，不仅"笑傲王侯"，对"洋大人"也如此。研究现代英美诗的叶公超教授在出任驻美大使时，对朋友说："见了艾森豪威尔（美国总统），心理上把他看成大兵，与肯尼迪（美国总统）晤谈时，心想他不过是一个花花公子、一个有钱的小弁而已。"

小故事里有精神。什么精神？孔夫子说的"三军可夺帅，匹夫不可夺志"的独立人格、气节和风骨也。

我还要向诸位郑重介绍一篇中国教育史上的不可忽视，却被长期淹没的雄文，我也是在读本书时才知道的。1939年前后，国民政府教育部三度训令西南联大必须遵守教育部核定的应设课程，全国统一教材，举行统一考试等等。——这样的在当今中国教育中已被视为"理所当然"的行政干预，却遭到了联大教务会议的拒绝，并公推冯友兰教授起草《抗辩书》。其文写得不卑不亢。对教育部的训令，"同人所未喻"，不明白者有四："夫大学为最高学府，包罗万象，要当同归而殊途，一致而百虑，岂可刻板文章，勒令从同"，此"未喻者一也"；"大学为最高教育学术机构"，"如何研究教学，则宜予大学以回旋之自由"，岂可由"教育行政机关"随意指令，此"未喻者二也"；"教育部为政府机关，当局时有进退；大学百年树人，政策设施宜常不宜变。若大学内部甚至一课程之兴废亦须听命教部，则必将受部中当局进退之影响，朝令夕改，其何以策研究之进行，肃学生之视听，而坚其心智"，此"未喻者三也"；"今教授所授之课程，必经教部指定，其课程之内容亦须经教部之核准，使教授在学生心目中为教育部一科员之不若"，此"未喻者四也"。最后又归结为一点："盖本校承北大、清华、南开三校之旧"，自有其传统，"似不必轻易更张"。

作者说："今人读之，拍案称绝，继而叹息良久。知识分子的尊严应该是这样的，政府、官员尽可以发号施令，但请注意，我们不敢苟同更拒绝执行——此之谓'同人不敏，窃有未喻'。知识分子的矜持也应该是这样，不滥说成绩，但内心怀有对学术的自信和对传统的期许——故'不必轻易更张'。"

我们已经有了陈寅恪纪念王国维的雄文，为学人立出"独立之精神，自由之思想"的境界，让我们永远怀想；而现在，面对冯友兰这篇"抗辩"雄文，所立起的"力争学术自由，反抗思想统制"的标杆，不禁发出感叹：魂兮胡不归，大学之独立精神！

"还是文人最自由"

这是叶公超教授的一句醒悟之言。他先当教授，后又去从政；但终因"放不下他那知识分子的身段，丢不掉那股知识分子的傲气"而弃官，回来当教授，于是，就有了"还是文人最自由"的感叹。——然而，"毕竟文人最天真"，不久，有关方面便来干预，向校方施压。叶教授的课匆匆上了一个学期，便被迫收场。

但说"还是文人最自由"，仍有部分的道理：我们在包括叶公超先生在内的这一代学人身上，还是可以看到一种自由精神：所谓身子被捆着，心灵是自由的。

这样的自由精神，在我看来，不仅表现在这一代人大都具有的传统"名士"的真性情、真风流，更是一种"大生命"的"大自由"。

我们谈到了这一代的"大承担"；其实，"大承担"的背后，是一个"大生命"的观念。如鲁迅所说："无穷的远方，无数的人们，都和我有关。"所谓"心事浩茫连广宇"，在他们的心目中，整个民族，整个人类，整个宇宙的生命都和自己的生命息息相关。只要国家、民族、人类、宇宙有一个生命是不自由的，他们自己也是不自由的。有人说，真正的诗人是能感受到天堂的欢乐和地狱的痛苦的；看到别人被杀，是比自己被杀更苦恼的。因此，他们追求的个体精神自由是包含着博爱精神，佛教所说的大慈悲情怀的。这是一种"天马行空"的境界，独立不依

所谓"心事浩茫连广宇"，在他们的心目中，整个民族，整个人类，整个宇宙的生命都和自己的生命息息相关

的，不受拘束的，同时又可以自由出入于人我之间、物我之间的，大境界中的大自由状态。这是令人神往的，也是这一代人的魅力所在。相形之下，我们一些人所追求的一己之"自由"，就显得太委琐了。

人的创造力究竟有多大

读这本书，最强烈的感受，就是"民国那些人"的创造力，实在惊人。

请看这位语言学大师赵元任教授：他一生最大的快乐，就是到世界任何地方，当地人都认他作"老乡"。"二战"后，他到巴黎车站，他对行李员讲巴黎土语，对方听了，以为他是土生土长的巴黎人，于是感叹："你回来了啊，现在可不如从前，巴黎穷了。"后来他又去德国柏林，用带柏林口音的德语和当地人聊天，邻居一位老人对他说："上帝保佑，你躲过了这场灾难，平平安安地回来了。"赵元任的绝活，是表演口技《全国旅行》：从北京沿京汉路南下，经河北到山西、陕西，出潼关，由河南入两湖、四川、云贵，再从两广绕江西、福建到江苏、浙江、安徽，由山东过渤海湾入东三省，最后入山海关返京。这趟"旅行"，他一口气说了近一个小时，"走"遍大半个中国，每"到"一地，便用当地方言土语，介绍名胜古迹和土货特产。这位被称为"中国语言学之父"的奇才，会说33种汉语方言，并精通多国语言。人们说他是一个"文艺复兴式的智者"。——恩格斯早就说过，文艺复兴是一个出"巨人"的时代，而思想文化学术上的巨人，是不受学科分工的限制的，是多方面发展的通才。而未来学术的发展，将越来越趋向综合，所呼唤的正是新一代的通才。

在前辈面前，我们也不必自惭形秽

还可以举一个例子：北大西语系的吴兴华教授也是这样的多才多艺的通才、全才。别的不说，他打桥牌的做派就是朋友圈里的美谈，十足"谈笑风生，睥睨一切"：他一边出牌，一边讲笑话，手里还拿着一本清代文人的诗集，趁别人苦思对策的间隙，扭过头去看他的书。——你可以说这是"逞才"，但却不能不叹服其过人的才气，而才气的背后，是充沛的创造活力。逼人的才情，逼人的创造力，人活到这个份儿上，就够了。

面对这一代思想学术上的创造，我常想：人的创造力究竟有多大，真的是无穷无尽，无穷无尽！在前辈面前，我们也不必自惭形秽，因为就人的本来的资质而言，我们并不缺乏创造力。前人做得到的，我们也能做到：年轻人应该有这样的志气。

把"承担、独立、自由、创造"的精神化为日常生活伦理

这就是"民国这些人"：这是有承担的一代学人，这是有独立、自由、创造精神的一代知识分子，他们因此而成为民族的脊梁，中国现代思想文化学术的顶天大柱，并且如鲁迅说的那样，为我们"肩住了黑暗的闸门"。作为后人，得以得到这一代人精神的守护与滋养，是人生之大

幸。斯人远去，"黑暗"依在，只有我们自己来肩住闸门，自己来承担，自己来坚守前辈留下的独立、自由、创造的精神。这是你们这一代，"80后"的这一代的历史使命，也是你们"建立信仰，确立生活目标与方向"的一个关键。

我最后要说的是，体现在这一代人身上的"承担，独立，自由，创造"精神，也就是我们所要追寻的真的教育精神、真的知识分子精神。追随这样的真精神，倾听这样的真声音，将把我们带入人生的大视野、大境界、大气概——如果我们只是咀嚼一己的悲欢，并且视其为整个世界，我们就太卑琐，太可怜了。但我们还要自觉于、善于把这样的"承担，独立，自由，创造"的精神化为日常生活伦理，落实到具体而细微的生活实践中。做一个既目光远大，又脚踏实地的更为健全的新人——这正是我们这些"后死者"应有的历史承担。

我的讲话完了，谢谢大家。

2007年9月16～20日整理，略有补充，2008年3月13日再整理，略有删节。

> 我们还要自觉于、善于把这样的"承担，独立，自由，创造"的精神化为日常生活伦理，落实到具体而细微的生活实践中

后　记

　　编辑此书的起因，是 2007 年 11 月，我有一次南下讲学的经历，其实是集中偿还欠下的朋友的人情债，先后在福州、东莞、苏州、常熟、上海五地，连续讲了 15 次。除讲鲁迅外，主要就是谈教育。有关鲁迅的讲稿，在此之前，已经编了《鲁迅九讲》一书（福建教育出版社 2007 年版）；于是，华东师范大学出版社的吴法源先生建议，干脆把谈教育的讲稿编成一本"教育讲演录"。正好将以前的几篇未入集的演讲一并收入。在最后编书时，考虑到要更全面地呈现我对教育问题的思考，又将已收入《学魂重铸》和《那里有一方心灵的净土》两个集子里的有关演讲选入。这样，本书就大体上涵盖了我有关中小学教育、大学教育、研究生教育、农村教育、打工子弟教育的想法，以及对教师工作的认识，算是有一个规模了：这倒是意想不到的。

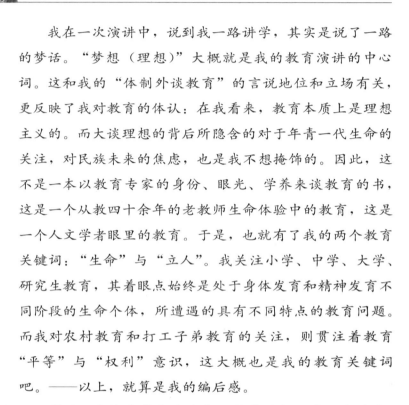

　　我在一次演讲中，说到我一路讲学，其实是说了一路的梦话。"梦想（理想）"大概就是我的教育演讲的中心词。这和我的"体制外谈教育"的言说地位和立场有关，更反映了我对教育的体认：在我看来，教育本质上是理想主义的。而大谈理想的背后所隐含的对于年青一代生命的关注，对民族未来的焦虑，也是我不想掩饰的。因此，这不是一本以教育专家的身份、眼光、学养来谈教育的书，这是一个从教四十余年的老教师生命体验中的教育，这是一个人文学者眼里的教育。于是，也就有了我的两个教育关键词："生命"与"立人"。我关注小学、中学、大学、研究生教育，其着眼点始终是处于身体发育和精神发育不同阶段的生命个体，所遭遇的具有不同特点的教育问题。而我对农村教育和打工子弟教育的关注，则贯注着教育"平等"与"权利"意识，这大概也是我的教育关键词吧。——以上，就算是我的编后感。

　　最后，自然要感谢这次南下讲学的组织者、邀请者，主要有广西教育出版社、福建语文教育学会、福州一中、福州"1＋1读书俱乐部"、东莞教育局、苏州图书馆、苏州大学文学院、常熟理工学院、上海九久读书人文化实业有限公司的朋友，当然，更要感谢华东师范大学出版社的朋友。在今天这个无梦的时代，能够如此尽兴地说梦，还能以书的形式继续说，实在难得。

钱理群

2008 年 3 月 12 日

图书在版编目（CIP）数据

我的教师梦：钱理群教育讲演录/钱理群著. —上
海：华东师范大学出版社，2013.5
（大夏书系·十年经典）
ISBN 978－7－5675－0818－7

Ⅰ.①我... Ⅱ.①钱... Ⅲ.①教育学—文集
Ⅳ.①G40-53

中国版本图书馆 CIP 数据核字（2013）第 131262 号

大夏书系·十年经典

我的教师梦
——钱理群教育讲演录

著　　者	钱理群
项目编辑	吴法源　林茶居
封面设计	奇文云海
责任印制	殷艳红
出版发行	华东师范大学出版社
社　　址	上海市中山北路 3663 号　邮编　200062
网　　址	www.ecnupress.com.cn
电　　话	021－60821666　行政传真　021－62572105
客服电话	021－62865537
邮购电话	021－62869887　地址　上海市中山北路 3663 号华东师范大学校内先锋路口
网　　店	http://hdsdcbs.tmall.com/
印 刷 者	北京密兴印刷有限公司
开　　本	710×980　16 开
印　　张	18
插　　页	2
字　　数	170 千字
版　　次	2013 年 8 月第一版
印　　次	2015 年 11 月第二次
书　　号	ISBN 978－7－5675－0818－7/G·6558
定　　价	35.00 元
出 版 人	朱杰人

（如发现本版图书有印订质量问题，请寄回本社市场部调换或电话 021－62865537 联系）